心安了，路就開了：

讓《佛說四十二章經》成為你人生的指引

釋悟因◎著

序 人生指引

本書是整理民國一〇一年，我在台北印儀學苑的講座內容。很多人問我，為什麼不先講《金剛經》、《華嚴經》這類大眾熟悉的經典，卻先選擇了《佛說四十二章經》這第一部被翻譯成漢文的經典？正因為是第一部被翻譯的經典，而且是本語錄，這就形成一個很有趣的探問——當僧人來到沒有佛法的區域，為什麼選擇了佛陀這四十二則教示？因此，閱讀《佛說四十二章經》時，不能不將這樣的探問，作為貫穿這部經的一條線路，進入認識《佛說四十二章經》的特出之處。

《佛說四十二章經》短短四十二則語錄，就有十八則是關於「欲」的對治。其中「欲」字共出現廿二次，與「欲」相關的，「愛」字出現十四次，「情」字有四次。本經怎

麼談「欲」的呢？如「使人愚蔽者，愛與欲也」、「人從愛欲生憂，從憂生怖」。看來「愛欲」對修道或生活有很大的不良影響。應該怎麼處理呢？經裡談到要「斷欲去愛」、「道人見欲，必當遠之」、「當捨愛欲」，要斷除欲望、要遠離誘惑，甚至還要「慎勿視女色，亦莫共言語」——不跟異性說話往來——這樣的作法不說現代社會，在禮法甚嚴的古代，男女之大防，應該也不容易。難道佛教要大眾過起與世隔絕、茅棚深山的生活？

不是這樣的，你必須再更細膩閱讀，探究「欲」從何發起？「心如功曹，功曹若止，從者都息。邪心不止，斷陰何益？」「欲」是從心而起，在面對不同種類、程度的「欲」，「心」的狀態，應該如何？本經以琴聲為例，琴弦調得太緊太鬆都不能發出悅耳的聲音，「沙門學道亦然，心若調適，道可得矣。」調適說的是什麼？就是「中道」的練習。

「中道」不是一加一除以二，也不是絕對的好或壞，這過程就像「猶木在水，尋流而行」——命運裡有許多誘惑、困惑，所謂「人生實難，大道多歧」，挑戰與意外更

是常態。在滾滾紅塵中，要能順流至海——必須學會「調適」心，讓「欲」合理、有分寸。修行的關鍵點，就在心的覺知。覺知，更具體的說法是，敏銳地覺察自身、環境、人事的互動變化因緣，在每一念、每一個當下，反省、節制、修訂、選擇——修道如此，發展事業、經營家庭，乃至個人理想的實踐，都是在覺知中，才能逐漸完成一個人之所以為人的存在意義。

「人繫於妻子舍宅，甚於牢獄。」人對權力、美色、金錢的追求，每個時代都是很一致的。「欲」不是好壞問題，牽涉更多的，是人情與人性。因此，本經談「欲」，是有很深刻的寓意。而這或能解釋了為何《佛說四十二章經》是第一部傳入漢地的經典。因此，我從「欲」字這條線路，指出《佛說四十二章經》所具備的前瞻性、現實性、參考性，是值得社會裡各階層、行業、身分的人詳細研讀、體會、實踐。而讀完本書，你還可以再用功、精進，讓自己從這四十二則的格言中再增上，誠如本書的期待，「讓《佛說四十二章經》，成為你人生的指引。」

【目錄】

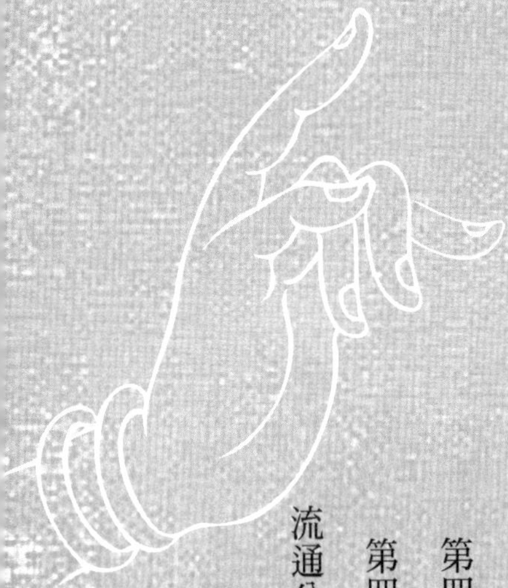

前言

傳入漢地的第一部佛經

第一部翻譯成漢文的佛經

《佛說四十二章經》是佛教傳入中國的第一部經典。翻譯時間大約在西元五十七年至七十五年之間，東漢明帝時期，距今將近有二千年。有些語詞的使用跟現在不太一樣，語言、文字是有機體，每個語詞都有它所代表的時代性。

漢明帝感夢

《佛說四十二章經》傳入中國，源於漢明帝夢見一尊神，那尊神明的頭上有一環光圈，出現在宮殿裡。第二天，漢明帝跟大臣描述這個夢。當時有一位太史叫傅毅——太史是朝廷裡觀察天文地理或預卜吉凶禍福的官吏。傅毅跟漢明帝說：印度有一位得道的人，叫做「佛」，他有神通，可以飛行自在。於是漢明帝派遣秦景、王遵等十二人到西方尋訪佛法。一行人來到大月支國——現在新疆、中亞一帶，在那裡他們遇到了兩位高僧——迦葉摩騰和竺法蘭，就邀請兩位高僧到中國。《佛說四十二章經》就隨著兩位高僧傳到中國。

前言

漢朝分成西漢、東漢，漢朝的開國是漢高祖，東漢復國的是光武帝。漢朝國威強盛，為了宣揚國威，漢武帝曾派遣張騫出使西域，開拓了東西方往來的通道；歷經各朝經營，因而通往西域之路更加發達，稱為「絲路」。在邊疆蠻荒之處，誰會走到那個地方？只有戍邊的軍旅、通商的商旅或是傳教的和尚。宗教是跟生活、文化在一起的，跟商旅在一起的。在絲路這一條東西文化的交通要道上，商旅和宗教人士來來去去，同時也把宗教從印度傳播到中亞、中國。

當時新疆、中亞一帶，中國通稱為「西域」。現在搭飛機很快就能到達。在古代，這條絲路雖然開通了，東西往來逐漸頻繁，還是有很多險阻，很難通行。佛經流傳到漢地之前，已經在西域很多地區流傳，使用很多地方語言，不是梵語，不是巴利語，而是中亞的語言。

白馬馱經

佛教傳入中國是用和平的方式，而且是被請進來的。有些經典用白馬馱進來，稱為

「白馬馱經」。帶進中土的經典，有的就放在敦煌洞窟裡面保藏。《佛說四十二章經》被保存在敦煌洞窟的第十四石函。漢明帝的使者遇到迦葉摩騰和竺法蘭，就從第十四石函寫取《佛說四十二章經》回國，同時也在那裡建立塔寺。「塔」在台灣用來放骨灰，在印度是供奉佛陀、聖人以及神明的地方。漢傳佛教就這樣從印度傳到中國，又傳到韓國，再從韓國輾轉傳到日本，也傳到越南等處。

宗教，是一種信仰；一方面是一種生活型態。宗教的傳播，是生活與文化型態的相互融通及撞擊。佛教從印度傳入中國，也產生文化交流、相互撞擊；近代西方文化進入中國，也是一種文化的相互撞擊，但那是八國聯軍用大炮撞進來的。

中國很重視經卷文本，因為這是修行的依據。因此《佛說四十二章經》傳入中國，就安置供奉在洛陽白馬寺——中國古代招待外國貴賓的地方。在迦葉摩騰、竺法蘭還沒進入中國以前，中國的「寺」是招待外國貴賓的場所。長安、洛陽都有這種地方。兩位高僧來到中國時，先是住在鴻臚寺，後來因為翻譯的需要，漢明帝特地建白馬寺安頓他們，也讓他們安心翻譯。

迦葉摩騰和竺法蘭初到中國，使用漢文應該不是容易的。在早期，佛典翻譯常是動用國家的力量，聘請菁英主事，稱為「譯場」，有主譯、筆授、潤筆等。翻譯時，主譯者講一句，解釋這句經文的意思；「筆授」才用漢文寫下來。所以，翻譯的工作真的很不容易。這兩位高僧是將佛教從印度、中亞傳入中國的第一人。所以，在《高僧傳》裡排名在最前面。

翻譯的版本及流傳

《佛說四十二章經》的版本有三種：第一種是高麗藏本——**高麗版的《大藏經》**❶；另一種是**宋朝真宗皇帝註本**❷；第三種是**宋朝守遂註本**❸。守遂，是一位佛教的出家沙門。我們現在使用的是宋朝守遂註本，收於《卍續藏》第三十七冊。

編者注

❶ 高麗藏本，《佛說四十二章經》，大正藏第17冊，頁722～頁724。

❷ 宋朝真宗皇帝的註本，《註四十二章經》，大正藏第39冊，頁516～522。

❸ 宋朝守遂沙門的註本，《四十二章經註》，卍續藏第37冊，頁67～78。

《佛說四十二章經》在漢朝翻譯之後，三國時代的吳國支謙也翻譯過。在文字傳播不是大量流通的時代，譯者拿到的，有時候不是全文，只有部分；再譯時，可能與原來的翻譯混在一起。所以，有學者認為：《佛說四十二章經》的譯本，不完全是迦葉摩騰和竺法蘭兩位翻譯的，也並非純粹是支謙翻譯。這些都還有待商榷。

宋朝開始使用活字版印刷。文化傳播運用的載體變遷，大大的改變文化的傳播。早期用毛筆、竹簡，書寫的數量少，流通的速度慢。佛教為了弘法、傳播經典，是最早應用自動化、工業技術的。使用鉛字排版，就能大量印刷，傳播較廣。

但刻字的人是一般技術工，不是研讀經典的老法師，也不是大學者，就會出現「手民誤植」，也就是刻錯字的情況。字刻錯了怎麼辦？古代不像現在使用電腦，打錯字可以刪除重來；字版刻錯了，不能刪掉，就原樣保留下來。所以，我們閱讀《大藏經》時，會發現有些錯別字。歷代重刻時進行校對，就在經文的下方訂正；有的字，在各個朝代有不同的用法，都會一一保留。如果隨心所欲地訂正，最後經典會失去原貌。

此外，《佛說四十二章經》在藏經的歸類也不同。單行本有的被歸類於經集部或方

等部；有的被歸類於涅槃部。這些不同的分類，是有其時代背景。例如，歸類到涅槃部，與近代對中國佛教貢獻很大的「金陵刻經處」有關。中國佛教歷經漢、魏晉南北朝、隋、唐、宋、元、明、清各朝，以至民國初年，國家社會戰亂頻仍，佛教經典佚失很多。近代有大德在金陵設立了刻經處（即南京刻經處），慢慢地將佛教經典從國外找回來刊行。當他們重新校訂《佛說四十二章經》時，便與《八大人覺經》、《佛遺教經》合刊發行，稱為「遺教三經」。遺教三經的合刊很受歡迎，成為民國初年以來學佛必讀的入門書。由於合刊成為佛陀的遺教，有人就把《佛說四十二章經》歸到涅槃部。

佛教從漢朝傳入中國，一直到唐朝更加地中國化。隋唐時期，中國佛教的八宗興起，禪宗是八宗之一。梁武帝時，達摩初祖來到中國，傳到六祖慧能，一花開五葉，使得禪門大盛。禪門弟子除了傳誦六祖大師的禪修方法，也研讀《佛說四十二章經》。宋朝以後，《佛說四十二章經》成為禪宗的日用經典，可說是人手一冊，禪門必讀。

譯者：高僧的故事

本經譯者迦葉摩騰和竺法蘭，他們是中印度人，遊行到中亞，這才被漢明帝的大使延請到中國，後來兩位都卒於洛陽。當時佛教傳入中國，道教也在中國興起。看到佛教被朝廷重視，道教的道士就指稱佛教是外來邪說，請皇帝嚴禁佛教。皇帝設壇讓雙方鬥法。道士使用奇門遁甲、畫符令；而兩位高僧只是打坐。彼此的經典就擺在桌子上，端看雙方各顯神通。結果道教的科儀起火燒掉，佛經則安然地在桌上放光。

一個宗教傳入陌生的地方，有時不是先宣揚教理，而是先展現特殊的不同之處，此時常常會顯現神蹟、神通。但是佛陀不讓弟子顯神通，因為神通不能解決根本問題。佛教能夠在中國扎根、普及，歸功於很多大德的努力，他們前仆後繼，不斷地譯經，不斷地播撒種子。他們一方面掌握佛教的根本關懷，另一方面對漢地不同的文化、不同的語言文字、不同的生活習慣，提出融攝的、貫通的，既要契理也要契機的看法和修正，逐漸開啟中土這一方人們的信心之門。

《佛說四十二章經》的意思

《佛說四十二章經》的體裁，形式上看起來，像是佛陀在同一時間內所講的，其實是由後人從佛經裡一段一段、一則一則摘錄蒐集而成。全經共四十二章，文體簡潔不冗長。內容包括原始佛教和大乘佛教，涵蓋佛法的大綱。特色是強調實踐，經文精簡扼要，掌握了佛教最主要的內容。

因此，《佛說四十二章經》經題七字，含蘊的意義是：以四十二段佛陀講述的經文，總攝佛法大義。若能通曉此經，並且照著去實踐，也能得佛法修行的概要，是佛教重要的教典之一。

序分

不要自己困擾自己

世尊成道已，作是思惟：離欲寂靜，是最為勝，住大禪定，降諸魔道。於鹿野苑中，轉四諦法輪，度憍陳如等五人而證道果。復有比丘所說諸疑，求佛進止；世尊教勅，一一開悟。合掌敬諾，而順尊勅。

這一段文是《四十二章》的序文，稱為「序分」。佛經內文都有序分、正宗分、流通分。序分是打開序幕，說明這部經的教法流出、發起的緣起；正宗分是經文最核心的教示；流通分是經典流通狀況。

本經的序言又分成三小段，第一小段從「**世尊成道已**」，到「**住大禪定，降諸魔道。**」這段在說明教法的源頭。本經的教法從哪個源頭流出？從教主釋迦牟尼佛在菩提樹下成道、思惟而來。所以，經文一開始就指出「**世尊成道已，作是思惟**……。」

佛陀成道之後，他可以進入涅槃，自己享受涅槃寂靜的境界。但是佛陀思惟：修行

辛苦，成道不易，住大禪定，降諸魔道，辛苦所為何來？當初決定出家修道，是為了解決眾生的迷惑──痛苦與死亡的答案，並不是為了自己享用。

「**離欲寂靜，是最為勝。**」如今自己證悟了，體證涅槃、證悟滅諦，此時身心平穩、自在、解脫，煩惱不再，這是最殊勝的、最究竟的離欲寂靜。應該要將所證得的真理與眾生分享，讓他人也能得利益，得解脫。

「**住大禪定，降諸魔道。**」就是修行道諦。禪定是修道的一個步驟，不管是禪定、持戒、念佛……這些都是道諦。整個歷程是修道諦、證滅諦。要降伏魔王、魔子魔孫，然後才成道果。成道之前，所有的挫折、考驗、折磨等所有的苦，通稱為魔道，也就是苦諦、集諦。那些糾纏我們、侵害我們，甚至讓我們產生邪惡的就是「魔」；魔不是外在的東西，自己的「心魔」是最恐怖、最難安頓的。

真正的苦、苦迫的原因，是自己的身心不能自在。所有的修道，是為了要把苦看清楚，知道苦迫的原因。修行道諦不是對付外面的敵人，而是知道自己內在的干擾，並學習安頓。如果光是對付外面的敵人，就只在外面一直轉，會走很多迂迴的路。

《四十二章經》是世間成就或出世間成就一定要讀的一本經。每一個人都很想成就一番事業，這是世間的成就；修出世間道的人更希望成就。但是，成就道果是有方法的。《四十二章經》，儘管看起來字不多，它教導的是一條最簡捷的道路。

在序文開宗明義說明：佛陀自己是如何到達那離欲寂靜的勝地，就是「**住大禪定，降諸魔道。**」佛陀是這樣一路走過來的！我們現在所聽聞的佛法，就是從佛陀這樣的修道、證悟所流出來的。這就是法的源頭！

「**於鹿野苑中轉四諦法輪，度憍陳如等五人而證道果。**」佛陀在人間說法的第一個地方，就在鹿野苑；最先說的法是四聖諦；而最先得度的是憍陳如等五人，也稱為五比丘，他們是佛陀在苦行林修道時的同參道友。五比丘聞四聖諦法之後就證得道果。

佛法是真理、道路，五比丘的聞法證悟是最好的證明。佛法的體證就像科學實驗一樣，可以複製、驗證。佛陀成道以後，他不是進入涅槃享受寂靜安穩，而是走向人間；五比丘從佛陀的教導示現中承接了這一份光明。這是「轉法輪」的開始。佛法進入中國的第一部經典，就這樣展示在人們面前。

「復有比丘所說諸疑，求佛進止；世尊教敕，一一開悟，合掌敬諾而順尊敕。」

接著有些比丘內心感到疑惑，請問佛陀應該怎麼做；「**求佛進止**」，請求佛陀定奪，為大家釋疑。他們當時提出的疑問以及佛陀的指導，成為世世代代問題的解答。

經文提到「有比丘」提出疑問，好像只有比丘提問，沒有比丘尼、居士。其實佛經裡常以比丘概括一切比丘、比丘尼、沙彌、沙彌尼、式叉摩那、優婆塞、優婆夷等七眾弟子。因為在佛陀所有的弟子之中，比丘是最早度化的，比丘排在七眾弟子之首。比丘應該知道的，其他人更應該要知道。

以上三小段合起來就是序分，也就是序文。這些序文，與一般經典序文的鋪陳不太一樣。例如《阿彌陀經》的序文：如是我聞，一時佛在什麼地方，與會有誰參與，由某人起來請問。《四十二章經》雖然沒有這樣鋪陳，但也具足這些，只是型式不太一樣。

第一章

出家證果：真正的出家

佛言：辭親出家，識心達本，解無為法，名曰沙門。常行二百五十戒，進止清淨，為四真道行，成阿羅漢——阿羅漢者，能飛行變化，曠劫壽命，住動天地。次為阿那含——阿那含者，壽終靈神上十九天，證阿羅漢。次為斯陀含——斯陀含者，一上一還，即得阿羅漢。次為須陀洹——須陀洹者，七死七生，便證阿羅漢。愛欲斷者，如四肢斷，不復用之。

「**辭親出家，識心達本，解無為法，名曰沙門。**」沙門，在印度是出家人的通稱。出家人不是只有佛教的，還有其他宗教的出家修行者。佛世當時，印度宗教除了傳統主流的婆羅門教，也有各種新興宗教，包括佛教以及「六師外道」。「外」沒有貶抑，是相對於佛教而言。當時很多優秀的宗教師，對婆羅門教的教義、主張和修法提出質疑、挑戰。這些反對婆羅門的各宗各派的修行者，都叫做「沙門」。

佛教也是當時的沙門團之一。

六師外道也都是很有修行的修行人，只是有些教義很奇特。例如苦行外道，主張修雞戒、狗戒，模仿雞、狗的行為作為個人的修持。有一次，一位苦行外道問佛陀：「我如此修行，將來會投生到哪裡？」佛陀說：「你現在模仿牠，將來不就投生到那個地方去嗎？你朝思暮想都在想像這樣的生活模式，整個身心進入那種狀態，將來就會投生到那個世界！」

印度是一個既優秀又奇怪的民族，數學、哲學非常強，但是印度文化裡什麼都可能發生。佛教承襲印度文化，卻又相當的不同。根據學者研究，佛陀使用的印度語彙，有些已善巧轉化了它的內涵。語詞可能相同，內涵未必相同。例如「沙門」，是修行者，在佛教又有「勤息」的意思——勤修戒定慧，息滅貪瞋痴。在本經「沙門」的意義又更周圓。

「**辭親出家，識心達本，解無為法，名曰沙門。**」信佛的人，不一定辭親出家。辭親出家，這麼大的決定，目的是要做什麼？「**識心達本，解無為法！**」「識心」，

認識、了解自己的心。「達本」，通達心的本源，禪宗叫「認識本來面目」。「解無為法」，體解究竟的真理。——這叫做「沙門」。

什麼是出家？

出家有四種：一、身出家，心出家。二、身出家，心不出家。三、心出家，身不出家。四、身不出家，心也不出家；既不學佛，也不修行。

修道最好是身心都出家。縱使身不能出家，心也要學習修道，學習出離、遠離世間。出離是什麼意思？用英語比較容易了解，這個「家」是home還是house？是home。不是在講house（房子）。

我們以為個人就是一個單位，其實，世間沒有獨存的人，家庭、公司、學校、部隊、國家，都是一個社會。僧團也是社會，出家後仍然活在社會中。你與最親的人連結成一個單位，身在一起、心在一起，這個小社會可稱為「家」。出離是遠離「家」的纏縛，所謂身遠離、心遠離。在家說放不開；出家放不開的人，不是沒有！

生活在一個社會，不可能不受到這社會文化的熏染。在家庭，還受到生物遺傳基因的影響。父母生我們，是男的、女的、高的、矮的、黑的、白的，這是藉父母之緣而有的遺傳，所謂「己身所從出」。但佛教在說「本來面目」，是指除了膚色、遺傳、種姓、文化熏習等等之外，人人有一個相同的本來，稱為「佛性」、「覺性」，或叫「真如」。父母所生身是會變化的，由小女生長成大小姐；再來做媽媽、阿嬤……。身體、相貌、角色隨著時空改變，你能覺知這些變化，然而你的覺知並不因為這些變化而變化。

「覺性」，沒有老少的分別，沒有男女、膚色的差別……。出家修道就是要去體證這個。

「無為」，沒有造作，指的是覺性的映照功能。例如：心，有很多的善心、不善心；生起善心、不善心，都叫造作，是有為法。當「覺性」發揮作用，可使已生的不善心令斷；未生的不善心令不生。就在映照的當下，「覺性」力大如金剛，能斷世間煩惱。有時候我們從外在認識自己，但是，佛法告訴我們：要認識你的「本來」，你本來具

足的家珍，要通達它。

「**常行二百五十戒……不復用之**。」這是講沙門四果：初果須陀洹、二果斯陀含、三果阿那含、四果阿羅漢。本經只講四果的功德。至於如何證悟沙門四果，修學次第為何，可以閱讀《**沙門果經**》[4]。《沙門果經》是佛陀對阿闍世王講述沙門從凡夫到聖人，從開始修學到最後成道的過程。

證果不是一朝一夕，是有修學次第的。在佛法的修學，最重要的是掌握正確的方向，也就是要有正知正見才不會著魔。首先要「**常行二百五十戒，進止清淨，為四真道行**」，這是對比丘說要持二百五十戒；居士是三皈五戒、八關齋戒、菩薩戒。「進止清淨」，指行住坐臥都要盡可能少欲知足、奉持清淨戒律。「**為四真道行**」，四真，指四聖諦。也就是修持四聖諦，最後即能成就阿羅漢。所謂「阿羅漢」，從比丘因位進入果位，斷除煩惱，了脫生死，證悟無生。在三界中，阿羅漢是最尊貴的，佛陀也是大阿羅漢，應該接受人天的供養。

從證悟初果到四果，最主要的檢核點是：煩惱愈來愈少，身心愈來愈清明、清朗。

所以修行是煩惱逐漸減少、縮小的歷程。自己內在有煩惱現行，自己要先感覺到，並決意使煩惱向外擴展的範圍縮小；延伸的時間縮短。如果可以檢查自己的煩惱，你的道行已經在增加當中。例如：生氣或者焦慮，本來要三天才能歇息，你把它改為兩天。對善法的渴求多一點，身心可以愈來愈充滿喜悅、穩定和自在。因此，不是死後才得道，你這一生就可以得道、可以驗證。

最後，還有一個關鍵字「欲」。「**愛欲斷者**」，斷除愛欲。我們生活在欲界，一定會有欲。男女的欲、飲食的欲、睡覺的欲、成就的欲、生存的欲，還有安全感的欲、渴望被接受有歸屬感的欲……。有惡的欲；有善的欲。所謂善法欲，是希望自己勤學佛法，更有智慧來照顧大家。惡的欲又是什麼呢？不一定是多壞的念頭，只要是不正念就不是善欲。

很多居士非常疼惜自己的兒女，疼子疼孫、疼曾孫，代代綿延，傳衍一脈基因。可是常常一面做又一面罵：「冤親債主！」「欠你的！」如果沒有生小孩，又跟佛菩薩

編者注

❹《沙門果經》，大正藏第1冊，頁107。

說：「佛祖，保佑喔！快讓我們生一個男的！」或「生一個女的！」那是說真的，還是說假的啊？這叫煩惱心，起起伏伏。要靜下心來，學習用另一個角度來看待眼前的狀況——如實看待世間。這就是正念！

付出的時候，難道就不可以修行嗎？可以的。世間的生老病死，不可能說你不想要就不會發生。修煉「**識心達本**」——不斷地轉變心念，體會我們每一個人是同一體的。眼前對方可能干擾了我，卻是我們應該負擔的責任；我們接受世間的疼惜，也為世間付出義務和責任。「**愛欲斷者，如四肢斷，不復用之**」，常常以平等心去看待這些存在的現象，不貪求也不排拒。這才叫修行。

出家人在叢林，也是要以「有事莫懼，無事莫尋」的態度，如實看待！

第二章

斷欲絕求：欲望，都不要嗎？

佛言：出家沙門者，斷欲去愛，識自心源；達佛深理，悟無為法。內無所得，外無所求；心不繫道，亦不結業。無念無作，非修非證；不歷諸位，而自崇最，名之為道。

「欲」字在《四十二章經》裡出現很多次。一般人常以財、色、名、食、睡……等五欲來說；中國成語「欲壑難填」的「欲」則傾向不好的，有批判的意味。「欲」在巴利語中是指意欲、願望。它是雜心所，有善、惡、無記等三性，亦即可能是善欲；可能是惡欲；或非善非惡。古德說：「財色名食睡，地獄五條根。」對五欲貪求無厭、沉溺，沒有道德作準繩，會將自己拉往地獄，這樣的欲求就是惡法。若是事業成功，賺進許多「淨財」，支撐家庭經濟，安頓自己身心，甚至能回饋社會，這欲求就是「善法」。

因此，本章的「斷欲」指的是斷惡法欲，有惡法的欲求，要使它不生。而「善法欲」，好求善法，精進學佛，則要善加培養。人有「意欲」，才會認真奮鬥。在意欲的十字

路口，選擇「惡欲」成為染污法；或是選擇「善欲」作為積極向上的動力，全由自己選擇。

「**斷欲去愛**」的「愛」，在此文句是指有染污性的，有染污的愛叫貪愛。愛什麼呢？佛經提到愛的對象有三種：「自體愛」、「環境愛」、「當生愛」。「自體愛」就是對自己的愛。其中對己身最愛者，莫過於寶愛自己的身體。大家對身體的服務非常多，要吃、要穿、要洗、要刷，有人還捨不得老，要去動手術、打針，讓自己看來年輕一點。這些都是自體愛。「環境愛」是對依報世界的愛，與自己有關的一切，例如對眷屬的疼愛，對房屋、財產、寵物……等的愛護之情，這是從自體愛的延伸。「當生愛」是對自己的來生去處的安頓，也是各種宗教最常談論的主題。

「自體愛」、「環境愛」、「當生愛」並非全部不好。它們幾乎是我們生活的大部分，怎麼可能去掉呢？要去除的，是對它們的「貪愛」。貪愛可能使你愈愛愈深，愛到執著而綁住自己或他人。這是「愛」的染污性。可以改變嗎？下定決心就可以改變。從自己身心的欲愛，參究「欲」與「愛」與「心」的關係，最後「**識自心源**」，回歸到

心的根源時，就能了悟佛陀所教的「無為」法。

「**佛言出家沙門者，斷欲去愛，識自心源；達佛深理，悟無為法。**」這段話是以出家眾為對象，也旁攝在家弟子，指的是從初入佛門到修成正果的整個歷程。修學的初階，本章直指「斷欲無求」，不使惡欲滋長，否則就會嚐到惡果；善欲要多培養，凡事看得開，放得下。縱然做了善法沒有回報，仍然堅持「我就是要這樣做」，不求回報，清楚自己在做什麼，是「無所得」的心。

「無為」，沒有造作，本來如是。「**悟無為法**」，體悟到本來如是的真理。此時的身心世界，如經文所說「**內無所得，外無所求；心不繫道，亦不結業。**」不是散漫，或抓取什麼，是身心愈來愈放下；心沒有執著，甚至不執著所修的善法，也不會再造業。最後，身心平穩，驗證到「**無念無作，非修非證；不歷諸位，而自崇最，名之為道**」的境界。開悟不是能得到什麼；如果執著某種東西，反而離道愈遠。

「**無念無作，非修非證。**」句中的「無念」是沒有妄念，只有「正念」。「無作」，不是沒有作為，而是所作所為出乎自然，沒有虛假。「**非修非證**」是說已經修到極點，

達到證果的境地，也就沒有什麼可以修，沒有什麼可以證。「**不歷諸位**」是一直在修行，不需要經歷不同位階。「**而自崇最**」，自己明白自己已達到究竟的證悟。

本章在說明修道證悟的歷程。本來修道的方法有多門，本章則直指「斷欲絕求」為入道之門。畢竟參究「欲」與「愛」與「心」的關係，從「參」到「悟」、「證」的過程，可能在一剎那就明白；可能窮其一生也參不透、不明白！

人生的歷程是不斷在「參悟」的旅程。人一直想要跳脫「苦」——那些讓人不快樂、不舒服的境遇，而處理的方法因人而異。回頭看看自己用的是什麼方法？如果參到了；看到了，會發現自己不是在解結，反而是繩結愈綁愈緊，苦得莫名其妙，覺得又好笑、又好氣！修行就是一直在驗證，如果方法正確，明白無常、苦、空的深義，很快就可以頓悟、證果。當然，「理由頓悟，事需漸修。」頓悟之後，實際行為的改變，還是要慢慢地磨習氣，一分一分的淡化習氣。

無論有沒有學佛，人在短暫的一生，一定要持戒，不生惡法，生起惡法有如負債，是虧欠；善法要使它增長。從涵養德行到不負債之間有很大的工夫。最底限的要求是

不去傷害、壓迫別人；受到人家好處，一定要報恩；對別人有一點兒好處，明白這是自己可以服務他人的福報，不在企求對方感謝。

說到「無求」，相對的，大部分的人難免都處在「有求」的狀況。在社會或工作的場域，有時遇到熱臉貼到別人的冷屁股，一片古道熱腸被掃得冷淡；主婦（夫）辛苦烹煮，家人不吃，自己心裡就難過。這樣的情況時，最好能轉念：「他們不吃，我自己也要吃。不為別人，也要為自己服務。」「付出、助人，是我的意樂。」內心轉個彎，從另外的角度來看事情，視野開闊，路才走得寬廣！

學佛的人要時時反觀：「自己的心，是否與菩提心相應？」菩提心是一種覺醒的心，是身心與當下情境相應的統一狀態，而不是用思想分別。遇境，就傾聽自己內在的聲音，直接表達心裡的統一感知，日子就會輕鬆愉快。這是「參悟」的竅門，也是「斷欲去愛」的修煉。

第三章

割愛去貪：愛與欲使人愚昧

佛言：剃除鬚髮而為沙門，受道法者，去世資財，乞求取足。日中一食，樹下一宿，慎勿再矣！使人愚蔽者，愛與欲也。

這一段是在教誡出家修道的人。佛陀在世的時候，轉大法輪，弘傳大法，有人聽了佛法，體會苦諦，因而剃除鬚髮成為沙門。「沙門」，在印度是指各類修行人的總稱。佛教的僧人當然是沙門團之一。

在佛門出家有一道重要的儀式：剃除鬚髮；著壞色衣。「鬚髮」，是世人寶愛的一部分。很多人在頭髮上下功夫，展現自己與眾不同的魅力。進入佛門把鬚髮剃除，是一種決心，宣誓從此割斷愛染、迴異俗套，並且也為了破除驕慢及「自體愛」。有的人因緣不足，無法出家。所以，跟隨佛陀的人，並非全都能剃除鬚髮。能夠在佛門出家，大多是從自己內心發願，不再過世俗的生活。

佛門僧人穿的袈裟，就是「壞色衣」——破壞色澤的鮮艷，同時在製作時故意截割

成一塊一塊的，稱為割截衣。這是在佛陀剛度出家弟子時，弟子們撿拾路邊的破布、或墳場的裹屍布，帶回寺裡洗一洗，就成為各種顏色拼湊一起的衣服。阿難問佛陀：「僧衣要做成什麼樣式呢？」佛陀正好走在田邊，就說：「福田相。」就是把一塊一塊的布縫整齊，如田相。袈裟具有福田相，因此又稱為「福田衣」，意思是出家人不以耕種、生產為主，而重在修道及弘法，也接受世間的供養。

「**受道法者，去世資財，乞求取足。**」出家人不蓄積財產，夠用就好，不貪求。有居士問：「沒有錢財可以生活嗎？出門不帶錢，可能嗎？」可以。目前在泰國、緬甸等南傳佛教的出家人還保持這條戒律。他們出門到各國弘法，身邊都帶著一位「淨人」幫忙付錢、提行李。在台灣的香光尼僧團，不可能出門帶一位淨人，但還是持守這條戒。怎麼持呢？在僧團中設一位執事人保管，需要時再去領款、報帳。

個人不蓄積財物，但團體弘化需要資金。屬於僧團、佛教所共有的資金，就設立法人運作。僧團依據這種觀念運作，縱使個人在外面上課、弘法，受到的供養都歸僧團，僧團再給車資及所需的物品。如果僧團有人生病，常住應該護持，因為他去弘法做三

寶事，是佛門法器；法器損壞了，由僧團修理與護持。這就是「去世資財，乞求取足。」

「日中一食，樹下一宿，慎勿再矣！」「日中一食」，佛陀時代，只在日中吃一餐。「樹下一宿」，睡在樹下，意指隨地而安，野外也可以安住。但這是對比丘說的。女眾有**梵行難**[5]的問題，佛陀不允許比丘尼在樹下宿。清末民初的一代高僧虛雲老和尚，曾在墳場的樹下睡。口渴，便就地捧水來喝，天亮一看，原來是屍水。有的人持戒很莊嚴，嚴守「樹下一宿」的戒律，今天在這一棵樹下睡一個晚上，明天就要換地方，不會在相同的地方休息。這是一種苦行。

食、睡是生理的基本需求，但不能沒有分寸，應該要節制；然而，過度節制的苦行，有時身體會撐不住。佛陀成道之前，在尼連禪河邊苦行六年，瘦到整個肋骨緊貼著背脊。佛陀發現苦行不能夠成道，折磨色身只會失去能量，就接受供養，以不苦不樂的中道修行，最後才證得道果。我們學習佛陀以中道生活，適當地照顧這個法器色身。

我常跟香光尼僧團的法師們說：「你的身體，是三寶委託你管理，信眾委託你管理，請好好的珍惜！」作為一個僧寶，不適宜太苦行，也不宜花太多心力在「色身」上，

「**日中一食，樹下一宿，慎勿再矣！**」修行，是一種自覺。成佛之道是菩提大道，菩提就是「覺」。佛教修行的出發點，是從「覺」開始。所言所行要自我覺察、調整，使合乎中道。

「**使人愚蔽者，愛與欲也。**」過度的飲食、睡眠，或是貪求世間的資財，這是一種愚蔽、愚痴的行為。第二章已談到「斷欲去愛」，本章再談到「愛與欲」，兩者有什麼不同呢？前一章說欲有二種：善欲、不善欲。像地藏王菩薩的大願，是廣大的善法欲。老師教導學生，要先讓他產生意樂，無論什麼課程，一定先引發學習的興趣；當他產生學習的動力，就能支持他繼續向上。佛陀在本章呵斥「愛與欲」，說它蒙蔽心性、使人愚痴。既然「欲」有善與不善，為何大多數的欲是染污性的？關鍵就在「愛染」，放任欲望不知節制，可能會往下一路滑溜。因此，佛法常將欲和貪，放在一起，稱為「貪欲」。本章的「欲」就是混雜著「貪」。

即使是善法的欲，也要時時察看，因為心念會變，可能轉到貪欲、執著的一面。擇

編者注

❺ 梵行難，指身體遭受強暴、污辱等事。

善固執雖然好，若其中有愛與執著，反而壓迫自己和別人，便適得其反。這時就需「割愛去貪」，去除貪欲、執著。修行並不是心如止水，而是知道自己的心念在哪裡，適時地調整修學的方向。

修行的關鍵也在這裡，「欲」，是凡夫流轉生死的動力，也是菩薩發心修行證果的動力。轉凡成聖，就在這分岔點去「轉」。印度《奧義書》說：「**人因欲而成；因欲而有意向；因意向有業；因業而有果。**」人是因為欲才來投胎的，因欲望而有意向；因意向而有業。由欲到意向之間，是觀察心念、轉換心念的時機。

修禪，就是看到自己的心念在哪裡而起轉折。怎麼看呢？遇境時，看到自己觸境生心——生出喜歡跟不喜歡的分別。喜歡的想去抓取；不喜歡的就厭惡排斥，因而造業，得果報。這是十二因緣中的「觸、受、愛、取、有」。

本章「割愛去貪」，由此導出「轉」愚蔽的關鍵，也就在「欲」啟動時，看清當下如何起心動念；看那心念是否與貪欲混雜；檢視自己的「愛」與「欲」在哪裡？從自己的心念去「轉」，這就是修行轉化可能的關鍵！

第四章

善惡並明：什麼是善？什麼是惡？

> 佛言：眾生以十事為善，亦以十事為惡。何等為十？身三、口四、意三。身三者：殺、盜、淫。口四者：兩舌、惡口、妄言、綺語。意三者：嫉、恚、癡。如是十事，不順聖道，名十惡行。是惡若止，名十善行耳。

這段說的是「十戒」，也叫「十善」，是菩薩道的基礎。十善跟十惡以什麼為分水嶺？在這裡是以對「聖道」的順跟逆來判斷。聖道的「道」也叫「菩提」。「菩提」是梵文 bodhi 的音譯，舊譯為「覺」或是「道」。菩薩全稱叫做「菩提薩埵」，就是大道心的眾生。順菩提聖道的，就是善；反之為不善。

聖人跟凡夫的分水嶺，就在於在十惡道還是十善道。常常聽說：「善惡到頭終有報，只爭來早與來遲。」來早與來遲的差別，是因為行為影響力有一段潛伏的力道，潛伏期長或短，就會影響果報現形的遲或速。佛家說：「有業有報。」自己做的事，自己承擔。如果做壞事，最受折磨的是自己，它像影子跟著你，無處可逃。推托一時，也

不可能推托永遠。自己所做的，最後都會回報到自己身上。

「善惡到頭終有報」，善當然有善報；惡也有惡報。善惡要怎麼轉？不要等業報來到，才想要轉，平常就應該多製造好因緣。多加進好的因緣、條件，果報的內容、受報的時間長短，也就跟著改變。這就是善惡並明。

身三、口四、意三的十事，又稱「十業」。「業」，行為。「業」從哪裡發生？從眼、耳、鼻、舌、身、意等六根觸對外境，於「觸」中生起感受、念頭、行動；然後「愛」、「取」，而成為或善或惡的輪轉。

我們天天都在觸境中輪轉。這轉動的核心，就是我們的心；觸境時，加進一些善法、善緣，心念慢慢就會轉。轉念使你明白：心是可以變化的，「心是空性的」。「空」不是沒有，不是無知。本然的心，只有覺照，像一片明鏡般透澈，不染不淨。

我們要用歡喜心、吉祥的語言來鼓勵自己。對方給我善的法、喜悅的法，自然十分歡喜；對方給我不善的語言、不善的法，就反觀映照，接受自己、原諒別人，不要再起反應。時時刻刻反思：「苦從哪裡來？」就能善惡並明，走向「覺悟」的菩提大道。

第五章

轉重令輕：轉心轉念最重要

佛言：人有眾過，而不自悔，頓息其心，罪來赴身。如水歸海，漸成深廣。若人有過，自解知非，改惡行善，罪自消滅。如病得汗，漸有痊損耳。

本章主題：「轉重令輕」。轉的是罪業果報，由重轉輕。其中的「轉」字，十分重要，轉的關鍵在「學習轉念」。如何轉念，在前幾章已說明。「轉重令輕」的含義，在要求自己用功修行，將重業慢慢減損、減損、減損。就如《阿含經》裡的鹽水譬喻：在水中加鹽，如果水少鹽多，根本不能喝；如果加入大量的水稀釋，鹽巴的比例由重轉輕，也就能入口了。這就是「轉重令輕」。惡業要「轉重令輕」；若是修持善業就要「轉輕令重」、「轉小為大」。

「**頓息其心**」的「心」字，是「轉」的主要出口。因為身、口、意的作為都是「心」在主導。行為有過失，是由不善的心念發動；自己知道不對，就盡快放下那不善的一念心，不讓它持續。這就是「頓息其心」。不善的心念若沒有止息，罪過點滴積聚，

最後就像流水歸向大海，愈來愈深廣。

同樣一個動作，「起心動念」不同，果報就有善惡之別。所做所為，是讓自己受益或受害，都在這一念心。文中「**罪自消滅**」，怎麼做到的？時時刻刻，使心向善的意念流動，犯過的機率就愈來愈少。罪業不是馬上消滅，而是逐漸的淡化、薄化。如經文所說「**漸有痊損**」，罪業逐漸地減輕。「痊損」，病勢減輕的意思。像生病盜汗，汗乾了病就好了。

在日常生活中，如何將「**頓息其心**」落實在生活中呢？一般而言，心是看不見的；但是，心出竅於身、口，留意說話的音調、語調或行為，就能明白「心」在當下的意向。

有一次我帶法師去看病，我們搭計程車去醫院，我一路叮嚀生病的法師。司機卻說了：「你們，喔！菜姑仔！你們也會生病喔？」提高的聲調，不言可喻，那是無法想像的好奇與陌生。像「你是和尚喔！」「你是和尚仔哦！」兩者表面上的意思相似，心態完全不同。音調變化，傳達了不同的訊息，當下的心態、意向，也就不言而喻。

有一對夫妻都是留美博士。一天，太太來香光寺，看到我就一直哭……哭得很傷心，

說是婆媳的問題。她說，有一次孩子去運動，滿身大汗地回家，她就拿毛巾幫孩子擦汗。婆婆卻說：「妳怎麼用妳洗澡的毛巾，擦我孫子的頭？讀到博士也不懂這個！」又數落她嫁過來後，都沒煮過一餐飯等等。

婆婆的指責，她心裡十分委屈，想到先生賺的錢都給公公婆婆，而生活費、房租、孩子教育費都是她負擔的，愈想愈委屈，忍不住放聲大哭。孩子看到她哭，說：「欸！有這麼嚴重嗎？」先生說：「欸！妳到底哭什麼？出了什麼事？怎麼一直哭呢？」知道原因後，先生補了一句：「我媽媽不認識字，妳是博士，就忍讓幾句吧！」眼淚也博取不到先生、子女的同情。

我跟她說：「妳回台灣是要幫女眾爭女權，如果不能平復自己的感覺與情緒，還能爭什麼呢？」勸她去打坐，藉由打坐看到自己深層的內在；坐不住，就去運動場跑步，跑到精疲力盡，讓身心安頓下來。

「哭」是外在的行為，內心覺得委屈，眼淚就不爭氣的流下來！為何這件事讓她特別在意呢？原來成長過程中，這位女居士是最會讀書的孩子，卻常被姐妹訕笑，成了

不愉快的經驗。這些記憶就落藏在「八識田」的某個角落，成為抹不掉的影像。這影像平時並不出現，當遇到某些話、某些情境，撞擊到痛處，它就現形、感傷，哭個不停。這是所謂的「相應」。可是，人家會同情她的眼淚嗎？

放下內在覺得委屈的自己，才能跨出自己囿限的藩籬。就像有些父母雙亡的孤兒，放下悲慘身世的意象，更認真努力，自力更生，讓自己的身心穩定、事業成功。

第六章

忍惡無瞋：到這裏就停止吧！

佛言：惡人聞善，故來擾亂者，汝自禁息，當無瞋責；彼來惡者，而自惡之。

「瞋」的意思是瞋惱。有人說自己瞋心很重，然而我們並不是一直處在瞋惱的狀況。它是怎麼生起的呢？原本聽到佛陀教導的「無我」教義，心生歡喜；轉個身，遇到事情干擾，立刻就變「有我」，還生煩惱。

「瞋」心的起動，往往緣於人或事不順己意。世間原本就有求不得苦，加上不時會遇到「惡人」擾亂等等的折磨。這時正應提醒自己，忍一口氣就通過這關卡了。所謂修行，在此時才見真功夫！或者反思：我修行的功德，是否一個不忍就破功了？內省己過，從前所虧欠於人的，就這樣來抵償了吧！「耐心」是可以修煉的，不瞋惱、不生氣，「忍惡無瞋」，忍一時的不適意，心平氣和。

修行是長久的事，菩提道是一步一步走的，如果只播下一點點善行，經不起別人來挑剔或是擾亂，這是自我干擾，收攝的心也會亂掉。不需要這樣自我折磨！「**汝自禁**

息」，忍一口氣，這時也是「持戒」，也是「修定」，就讓事情到這裡停止吧，心中不再跟惡法相應！

有人來擾亂時，小事釀成大事，平安變成殃禍，這時要依據法律、世理來判斷。這是怎麼一回事？要不要跟他相應？「**當無瞋責**」，不要生氣瞋惱、中他的計謀；而是運用智慧來處理，如果沒有商量的餘地，甚至不需與他往來、討價還價。「**彼來惡者，而自惡之**」，心地惡的人，自己承擔身口意所造惡業。我們並不需要替他承受。

第七章

惡還本身：不收別人的辱罵之禮

佛言：有人聞吾守道，行大仁慈，故致罵佛。佛默不對。罵止，問曰：「子以禮從人，其人不納，禮歸子乎？」對曰：「歸矣！」佛言：「今子罵我，我今不納；子自持禍，歸子身矣！猶響應聲，影之隨形，終無免離。慎勿為惡！」

有人聽說佛陀持守正道，行大仁慈，就來咒罵佛陀。「佛默不對」，佛陀沒有回應，等對方罵完、發洩完了，反問他：「**子以禮從人，其人不納**」，如果你送禮物給人，對方不接受，你怎麼辦？「**禮歸子乎**」，禮物還是歸你嗎？那人回答說：「**歸矣！**」佛陀說：「**今子罵我，我今不納；子自持禍，歸子身矣！**」你今天罵我，想把災禍加在我身上，但我不接受；你自己帶來的災禍，就回到你自己身上了！

佛陀接著說：「**猶響應聲；影之隨形，終無免離。**」聲跟響相應；影跟形不離，「終無免離」是說彼此是離不開的。這叫「相應原理」。

最後，佛陀再次勸誡「慎勿為惡」！對方以咒罵送給我們，如果自己跟著起瞋心，豈不是跟對方跳起雙人舞，將惡納在己身了嗎？如果有人氣洶洶來找你，當下要謹慎，靜下來，不跟他相應；用慈悲沈靜的眼光看著他，對方會慢慢地安靜下來。如果有人要打你，趕快逃，不要一直站在那邊讓他打。

我們要送別人什麼禮物呢？——自己會想收的禮物，才送；自己不想收的，就不要送。如果自己的善心，人家不理解，不要生氣，趕快觀照自己的心，知道自己在修行，不要再造業！

第八章

塵唾自污：自作自受

佛言：惡人害賢者，猶仰天而唾，唾不至天，還從己墮。逆風揚塵，塵不至彼，還坌己身。賢不可毀，禍必滅己。

文中「坌」字是「塵土撒落在物體上」。「賢者」，有才能的人。賢人常與聖人並列，這是指兩種人：才能傑出的人與品德高尚的人。一從才能角度，一從品德角度而言。有才能的人容易被上級賞賜、提拔，以致遭人嫉妒、眼紅。如果有人要害賢人，就如經文所說「惡人害賢者，猶仰天而唾」，仰天吐唾，唾沫會掉到自己臉上，自討沒趣。或是「**逆風揚塵，塵不至彼，還坌己身**」，逆著風掃地，灰塵也會回飛到自己身上，污染自己。所以「**賢不可毀，禍必滅己。**」

「還從己墮」、「還坌己身」中的「還」字，有「返還」、「旋轉」的意思。旋轉一圈回到原點時，有很大的力量。這是「相應」的原理。

賢能的人，才幹出類拔萃，做起事來事半功倍，他的能力豈能輕易毀損？如果是競爭的對手、同業，懂得經營的人會朝向雙贏的局面努力，彼此增上互補。例如蘋果公

司曾與微軟公司合作，「與競爭對手合作」，這是蘋果公司創辦人賈伯斯的經營理念。「善有善報，惡有惡報，不是不報，時候未到。」行為的影響力不會消失。如果自己一時沒被讚歎、賞識、回饋，也要耐心去做，做得自己安心；在合適的因緣時機，會有善緣相應。如果故意侮辱他人、破壞他人，受到最大傷害的是自己。

業感緣起

綜合第五、六、七、八章，這幾章都在講「業感緣起」。對於生命存在的探究，由過去、現在到未來，「業感緣起」指出：由這一生到下一生的生命歷程，以及生命存在的動力來源，都是由於「業」而形成牽引的力量。生命是由「業力」招感而生死流轉。「緣起」，是佛教的重要理論，有業感緣起、阿賴耶識緣起、真如緣起、法界緣起、六大緣起等。從不同的觀點，探究同一個主題：宇宙、生命的生起、流轉的根源。「業力」，業的影響力。「業」，行為的意思，包括身業、語業、意業三種。其中「意」，決意、思慮，是身行、語行的發動者。因此，思想純正是非常重要的。建立

正確的人生觀，人生才能由光明走向光明。

很多人都希望這一生過得愉悅、安穩、富足。有些人由於思想偏激，一輩子都在仇恨之中。人難免會遇到「陷落」，有時是意外；有時是他人的陷害。西方小說《基督山恩仇記》，在大仲馬的筆下，基督山伯爵成了一輩子都在報仇的主角。人活著要報恩，不是報仇的。即使生命遇到陷落，更是要激勵自己，轉化成正面的力量，堅強地站起來，把正確的人生觀傳給周圍的人，傳給下一代！

佛教的「緣起」是一種「無常觀」的思想。大自然花開花落，有璀璨的一天；也有萎墜的一天，生命的現象是流動的、變化的。世事無常，這是宇宙的實相。如果停留在「君子報仇，三年不晚」的心態，對方的狀況已經改變了，自己還在想報仇的事，是自己不長進。

有些想法似是而非，像台灣諺語：「作惡作毒，騎馬咯嘓。」作惡多端的人，卻過著富貴的生活。世間確實有這種現象，有人因而感歎世間沒有正義。然而，佛陀的弟子看到這種情形更加沉穩，他知道惡必還己身，更惕厲自己「諸惡莫作，眾善奉行」。

跟著自心的佛性，累積自己的福德資糧，並且教導子女「施人慎勿念，受施慎勿忘」，讓世界有善性的循環。

《普門品》說：「**咒詛諸毒藥，所欲害身者，念彼觀音力，還著於本人。**」「咒詛諸毒藥」，就是那些害人的手段和物品。如果有人要加害你，對你念咒、念符籙、設陷阱、放蠱毒等等，你念誦「觀世音菩薩」聖號，心生慈憫；或做三個深呼吸，收攝身心，有形無形的力量，就會形成防護網，害人之物便無法傷害你。想害人時，心中充滿憤怒、惡毒，最先受害的是自己。這是「還著於本人」的意思。

佛菩薩聖號和佛門的咒語是善性的，用來修慈悲、修定功，還可以加持自己和別人健康、平安、吉祥。對佛菩薩有信心，對自己有信心，就像茫茫大海中見到燈塔，光明的指引，會引導你到達平安的岸上。

在世間生活，要利用有限的生命來修行，落實在生活中，就是多讀一點經論；多做一點功德，平衡自己的道德價值。就算沒有證果，隨時充滿對生命的喜悅、和諧，自然感召善的因緣，也影響周遭環境使其充滿善意。

第九章

返本會道：如何求道？

佛言：博聞愛道，道必難會；守志奉道，其道甚大。

這一章強調「道」字，指出兩種對於「道」的態度——「愛道」和「奉道」。對「道」的態度不同，結果有很大的不同：愛道，道難會；奉道，道甚大。這是用比較法，說明態度影響了高度和成就。

「道」這個字，從第一章開始就出現，如「釋尊成道」、度五比丘「而成道果」；以及本章「愛道」、「奉道」。「道」是「菩提」的意思，又譯作「覺」，覺悟、覺察。所以，修行就是在修道，修菩提、修覺悟。

「道」怎麼修呢？本章使用比較法，強調「**守志奉道**」。但並非指「**博聞愛道**」就該丟棄，它們是「守志奉道」的基礎。《雜阿含經》以四預流支說明了這個道理。**四預流支**❻是進入聖人之流的四個次第：一、親近善知識；二、聽聞正法；三、內正思惟；四、法次法向。這四個次第是一貫的，前前是後後的基礎；後後是前前的實踐與深入。

本章強調守志奉道，意思是如果著重博聞愛道——停留在親近善知識、聽聞正法，而沒有繼續反芻由聞而思、由思而修的內容，就像修道旅途只走到一半，「**道必難會**」，終究無法領會「道」的真理。

《楞嚴經》中，阿難險些遭受摩登伽女誘惑的典故❼，正說明了這個道理。阿難是佛陀的弟子中「多聞第一」。有一次托鉢遇到摩登伽女色誘，阿難差點失身。佛陀知道了，派遣文殊菩薩前往營救，阿難才得以脫離險境。阿難回到僧團，見了佛陀，悲從中來，恨自己「一向多聞，未全道力」，境界現前，是這麼的軟弱無力！

博聞強記而沒有回到自己身心去實踐、驗證，就如「說食數寶」，或者好像幫別人數鈔票，數了以後，鈔票不是你的，完全無法受用。

編者注

❻《雜阿含經》「入流分者有四種：謂親近善男子、聽（聞）正法、內正思惟、法次法向。」（大正藏第2冊，頁215）。入流，入聖人之流，指證四果的聖人：須陀洹、斯陀含、阿那含、阿羅漢。

❼《楞嚴經》卷一，大正藏第19冊，頁106。

「**守志奉道**」，願以一生努力向於菩提。「志」，志氣、志願，意志所趨向的地方。將注意力放在那個地方，念茲在茲，亦步亦趨。我們在小學時，老師就問：「你的志願是什麼？」有人要做貝多芬；有人要得諾貝爾獎；有人要做史懷哲。這些都是「志」，與意志力、毅力、耐力有關。「志」，也有銘記的意思，好像在心版刻上一個標誌，和「永誌難忘」的「誌」字同義。

「**守志奉道**」，發願修學佛法。聽聞佛法，心生歡喜，發願以佛法為人生的依歸；以佛法僧三寶為修學的典範。一方面成就世間的事業，安住世間；一方面修學佛法，成就道業。知道佛法可以提升精神層面，也知道世間無常，最後什麼都帶不走，也因此，發願在有生之年，培養一些福德、功德。這叫「如理作意」。

從前在西門町有一家著名的戲院，戲院老闆在年輕時就發願要蓋電影院。他年少時家境窮苦，有一次穿木屐、一般的衣著去看電影。守門的人看不起他，叫他把木屐脫掉，赤腳進去。他說：「有朝一日，我會蓋一間任何人都可以進來的電影院，不論穿皮鞋、拖鞋、打赤腳，或西裝、中裝，都歡迎進來！」這是將委屈銘記在心，發願努

力向上！

有些父母親說他們的孩子喜歡打籃球，不喜歡讀書。我說：「打球很好，身體健康。你有這麼個小孩，趕快跟他說：『你將來要不要像林書豪？林書豪會讀書，又會運動，他是哈佛大學的！』」孩子有學習的榜樣，可以激勵志氣，奮發向上。然而，即使想要走上運動這一條路，也要克服自己的弱點。現代年輕人的問題是沒有耐心，志向不斷擺盪。父母親要陪著他走過這一段，這是誰都要經歷的一種考驗。

「愛道」和「奉道」相比，選擇奉道是不容易！聽經聞法之後，要靜下心來反芻、力行。開始時，有一點體驗，就要鼓勵自己。世間有苦、有樂，令人快樂的事情不是沒有，只是不能持久。隨著境界的生起、消失，去覺察那失落的苦，最要緊的是：調整身心，安住當下，落實在因緣互動之中。這叫「**守志奉道**」。

「博聞愛道」是「奉道」的基礎，否則可能盲修瞎練。論典說聞法有四種功德：「**由聞知諸法；由聞遮諸惡；由聞斷無義；由聞得涅槃**❽。」也就是：一、聽聞佛法才知道諸法。二、聽聞佛法知道如何去除惡行、惡念。三、聽聞佛法可以斷除沒有意義的事情。四、聽聞佛法可以證得涅槃，達到苦的止息。這四種功德如果詳說，還真不少。本省有句話說：「田若不耕倉廩虛，有書不讀子孫愚。」「博聞」是修道的眼目，不可少。

修學佛法四要門：聞、思、修、證。走了聞法的第一步，更要守志奉道，真正的、踏實的一步一步往前走。真正的體驗法，聽聞佛法就會愈來愈有興趣，愈來愈有心得。「**守志奉道，其道甚大**」，有多大呢？隨著自己的認知實踐，擴展心胸，道也跟著擴大。

❽ 此四句是引用當代佛教大師印順法師的著作《成佛之道》的偈頌。原典出處請參考《阿毘曇毘婆沙論》及《瑜伽師地論》，見大正藏第28冊，頁2，及大正藏第30冊，頁382。

第十章

喜施獲福：愈給，得愈多

佛言：「覩人施道，助之歡喜，得福甚大。」沙門問曰：「此福盡乎？」佛言：「譬如一炬之火，數百千人各以炬來分取，熟食除冥，此炬如故，福亦如之。」

「覩人施道」，看到人家行布施波羅蜜。「助之歡喜」，我們跟著隨喜。「得福甚大」，布施的福德大，隨喜、分享他布施的喜悅，得到的福德也很大。本章標題的「喜施」，是隨喜布施，看到有人行施，心中歡喜，感受世間充滿了希望！

沙門問佛陀：「布施者的福德，會被隨喜的人分走而減少嗎？」佛陀以火炬的譬喻來回答：「**譬如一炬之火，數百千人各以炬來分取，熟食除冥，此炬如故。**」就像點燃一支火把，數百千人都拿火把來引火，有的拿去煮東西吃；有的拿去照明，原來的火把還是一樣光亮。「**福亦如之**」，福德也一樣，他人來隨喜，布施者的福德並不會稍減。

布施有「財施、法施、無畏施」三種。

「財施」是布施財物、實質的東西。

「法施」有佛法的教授；也有的是各行各業，將技藝教導他人，傳授方法、技術等，都是法的布施。

「無畏施」是施予無畏，使人安心、歡喜，無所憂畏。持五戒就是對別人布施無畏。他人的財物，我沒有覬覦之心；他人的妻子，我沒有染指之心；喝酒不上路，尊重別人的生命安全；開車時中規中矩，不蛇行，大眾安心。這些都是無畏施。

工作也是一種功德，並不是命不好，才要工作。在家裡煮飯，孩子們願意吃，覺得很歡喜。歡喜自己有健康的身體，生命洋溢喜悅，帶給家人溫馨、安心，這也是無畏施。

學習佛法不能只停在文字，要了解它真正的意思。就像五戒裡，有一條偷盜戒，一般指偷盜財物，有時候偷的不是物品，是時間、知識。例如學語文、插花，一直學不會，要不要付費呢？教師說：學不會不用付費，學員就不犯偷盜戒嗎？如果教師說課程免費，他是法布施。我們歡喜人家布施，但不能勉強人家法布施。教師有家庭要照顧，

該付的學費，還是要付。

「**靚人施道，助之歡喜**」，也是一種法施、無畏施。台灣九二一大地震時，香光尼僧團的伽耶山基金會設立協助重建專案，進入石岡災區為學童免費課後輔導，受到家長、老師、學生歡迎。專案做了二年，就退出。當地生活機能逐漸恢復，兒童課輔班也開始設立，我們看了，「**助之歡喜**」。災區重建，教育機能、生活機能要從當地紮根。

然而，「**靚人施道，助之歡喜**」，未必容易做到。古來各種技藝的傳授，據說師傅都「留一手」，怕徒弟學到真傳，自立門戶與自己爭食大餅。如果代代都留一手，少那麼一手而缺一塊，好的工藝技巧就失傳了。二〇一二年，世界有名的攝影器材公司「柯達」聲請破產，百餘年的老店倒了。這已經不是留一手的問題，而是時勢所趨。數位時代來臨，沒有方便轉換、更上層樓，膠卷攝影已敵不過市場的趨勢。

學生勝過老師，子女勝過父母。你心裡怎麼想呢？回家養老，把自己丟進垃圾桶？或是趕快學習，跟上成長？代代有賢人，代代有希望。年輕人成長，隨喜讚歎，自己也跟著成長，但不是學習年輕人的玩意兒。長者的經驗、閱歷，提供的是不同的奉獻。

佛陀教導弟子也都是和盤托出，沒有留一手。「**覩人施道，助之歡喜**」，世間的希望就在一代一代之間傳承。

我在香光山時，會登上頂樓，望向群山，感覺就像站在巨人的肩膀上。站得更高，看得更遠，我心裡充滿了感恩，這是借重大眾努力的成果！我重新詮釋那座山的每一棵樹木，我對樹神說：「我還沒有來以前，你們已經站在這裡，請借一塊土地給我！佛陀的弟子們，要來這裡用功、禪修、行道，請你們隨喜護持！」

禪宗有一句話：「一燈能破千年暗。」見他行施，歡喜讚歎。這一念隨喜的心光，燈燈相傳，能照徹暗室，照破寰宇！

第十一章

施飯轉勝：心有多大，功德就有多大

佛言：飯惡人百，不如飯一善人。飯善人千，不如飯一持五戒者。飯五戒者萬，不如飯一須陀洹。飯百萬須陀洹，不如飯一斯陀含。飯千萬斯陀含，不如飯一阿那含。飯一億阿那含，不如飯一阿羅漢。飯十億阿羅漢，不如飯一辟支佛。飯百億辟支佛，不如飯一三世諸佛。飯千億三世諸佛，不如飯一無念無住無修無證之者。

「施飯轉勝」的「勝」字指功德的大小，「飯」在這裡作動詞用，「供養」的意思。文中從百、到千、到萬……數目字一直累進，境界也在累進。供養一個善人比供養一百個惡人功德大；供養一千個善人不如供養一個持五戒者。持五戒者行無畏施，讓別人沒有恐懼，幫助他人認真修行。

供養一萬個持五戒的人，不如供養一個須陀洹。五戒者還沒有證入聖人之流。「須陀洹」，進入聖人的初階，稱為「初果」。

供養一百萬個須陀洹果，不如供養一位斯陀含。「斯陀含」，進入聖人的第二階，稱為「二果」。供養千萬個斯陀含，不如供養一位阿那含。「阿那含」，進入聖人的第三階，稱為「三果」。供養一億個阿那含果，不如供養一個阿羅漢。「阿羅漢」，進入聖人的第四階，稱為「四果」。

階次愈來愈高，煩惱斷得愈多；阿羅漢的煩惱斷盡無餘。

供養十億個阿羅漢果，不如供養一個辟支佛。

辟支佛與阿羅漢，二者的目標都在滅盡煩惱，解脫三界的生死流轉。不同在於悟道的方法是「他悟」或「自悟」。「阿羅漢」等四果聖人，是從聽聞佛陀教法而悟道，這叫「他悟」，由別人開啟而悟道。「辟支佛」不從他悟，他看到世間現象，就體悟緣起、證悟道果，所以稱為「獨覺」或「緣覺」。佛陀的弟子大迦葉具獨覺根性，如果他沒有遇到佛陀，繼續修行也能成就辟支佛。

聲聞與辟支佛，合稱「二乘」。與二乘相對的，是以佛果為目標的「菩薩乘」。「菩薩乘」，不急求斷煩惱、證涅槃。位階分為十，由初地、二地、三地……到十地。

從斷煩惱來說，初地等於聲聞初果，八地等於阿羅漢果。「菩薩乘」與「二乘」一樣要斷除煩惱，但他對眾生有更大的悲憫心，但為眾生得離苦，不為自己求安樂。因此供養百億辟支佛，不如供養三世諸佛。三世諸佛包括過去、現在、未來諸佛。

經文最後說：供養千億三世諸佛，不如供養一個「無念無住無修無證之者」。佛是佛道究竟圓滿、功德很大的修行者；竟然還有比佛更大的？那是什麼意思？

「**無念無住無修無證**」，和第二章的「**無念無作，非修非證**」意義相似。

從數量的差異，從百、千、萬……，或對象從惡人、善人、持五戒者……阿羅漢、辟支佛、三世諸佛等不同——福田有差別，果報就會有差別。就像田地有肥沃和貧瘠，收成就有優劣；受供養者的「修德」有功德差別，布施者的福德也就跟著有別。所以叫「施飯轉勝」。

供養惡人，很慈悲；但供養聖人，不是更好？世人行布施，是有這些差別心的。有一個笑話，說看待人有大小眼：「茶，泡茶，泡好茶；坐，請坐，請上坐。」依施主的身分、地位、層級，給予不同的待遇。

修德有高下，而性德平等。「**無念無住無修無證**」就在說受施對象的「性德」，從惡人到善人、持五戒者、阿羅漢、辟支佛、三世諸佛，性德平等。揭示了心、佛、眾生三無差別的真理。達摩與梁武帝的對話說明了這點——佛性平等無差別：

達摩祖師從海路來中國。當時，梁武帝建都南京，他去見梁武帝。梁武帝問達摩：「我從登基以來，建了很多佛寺，度了很多僧人，有沒有功德？」達摩回答：「沒有功德。」達摩的回答給了梁武帝一記棒喝，也成了千古的公案。建造佛寺讓大眾共修，為什麼沒有功德呢？從業果來說，當然會有回報，然而從「稱性而修」的立場來說，達摩祖師的意思——若回到身心本然的狀態來說，那可是不增不減啊！本然的心性，像一個圓滿的鏡子，照見惡人，其心本然；照見善人，其心本然。心性平等，沒有垢穢差別！

此外，中國流傳一則文殊菩薩化身貧女化緣的故事，也說明性德平等的道理：

有一座佛寺，每年舉辦無遮大會——不分僧俗、貴賤，也不分男女老幼，凡是來赴齋的人都可以得到一份齋食。有一天，一個貧女帶著兩個小孩和一隻狗去趕齋。寺裡

的和尚打三份菜給她，就母子三人，一人一份。貧女說：「我的狗也要吃。」和尚勉強再打一份齋食。貧女又說：「我腹中還有一個孩子，也要分一點食。」和尚生氣了，說：「你貪求無厭，肚裡的孩子還沒生，哪裡需要食物？」就喝令她離開。貧女被訶斥就轉身離開。但是在轉身之間，貧女忽然化身為文殊菩薩；狗子就是青毛獅座騎；兩個孩子是文殊菩薩的左右侍者。並且留下一偈：「**苦瓠連根苦，甜瓜徹蒂甜；是我超三界，卻被阿師嫌！**[9]」

和尚才明白文殊菩薩示現宣說無分別心的道理。大人、小孩、懷孕的胎兒、狗，不去計較功德大小，當下的心念是對生命的關懷。狗是三惡道眾生，也要吃；孕中的胎兒也要吃，是媽媽替他吃，此時此刻確實是需要食物。當下的決定，是讓自己心安！這心安之法就叫「無念、無住、無修、無證」，也就是最大的布施——布施時「三輪體空」，與佛性相應，就會「**心包太虛，量周沙界**」，隨心量有多大，功德就有多大。

儒家有一句話叫「中庸在己」。《中庸》講的道理處處離不開「己」，如果沒有這個「己」，知道「中庸」的又是誰呢？佛家講「中道」，中道在哪裡？追求心安自在！

禪修時，如果父母生病了，要照顧老人家呢？還是要繼續禪修？沒有絕對的標準。當下以智慧去抉擇、衡量，讓自己心安！

印度甘地為大眾做了許多事，還是有人把他暗殺了；美國林肯為黑人爭取自由，也被暗殺了。從差別相來說，世間永遠存在不對稱。甘地說：「我要爭老百姓受教育的機會、工作的機會，不是為了我本人，因為當大家都有時，我一定可以分到一份。」爭取每一個人平等的對待，這是從本性心地來說，求自己心安自在。

三時繫念疏文：「**大圓滿覺，應跡西乾，心包太虛，量周沙界。**」修慈悲心，擴大心量，大到可以包容太虛，包容萬事萬物。以供養佛的心意供養所有眾生，從善意的角度讓自己心安，心有多大，功德就有多大！

編者注

❾ 詩偈出自《三寶感應要略錄》卷3，大正藏51冊，頁849。第三句在《廣清涼傳》卷2是「是吾起三界」，大正藏51冊，頁1109。

第十二章

舉難勸修：人生的二十種考驗

佛言：人有二十難。貧窮布施難；豪貴學道難；棄命必死難；得覩佛經難；生值佛世難；忍色忍欲難；見好不求難；被辱不瞋難；有勢不臨難；觸事無心難；廣學博究難；除滅我慢難；不輕未學難；心行平等難；不說是非難；會善知識難；見性學道難；隨化度人難；覩景不動難；善解方便難。

這一章「舉難勸修」，在《守遂本》是二十難；《高麗藏本》只標出**五種難**⑩；《宋真宗註本》也有二十難。版本內容雖不一，但「舉難勸修」的含義是一樣的。

佛說「人有二十難」。事實上，生命的難題何止是二十難！「難」是什麼？是一種障礙，或不容易度過的難關。

1 貧窮布施難

「**貧窮布施難**」，貧窮時要布施，確實很難，供應自己都不夠，怎麼可能布施呢？沒有錢是不能騙人的；沒有力氣是不能騙人的，沒有體力，自然不能夠硬撐。

從另一個角度來看，不布施，就不會有貧窮的問題嗎？不見得。

有的人非常富有，他還是喊窮！台灣有一句俚語：「『貧』字『貪』字殼。」貧和貪互為表裡，這種貧窮，永遠覺得不滿足。在這裡，貧窮布施難，「難」在要突破「永遠不滿足的心」。

另一種「**貧窮布施難**」，「難」在「卑慢」。古人稱窮讀書人，叫「窮措大」，有志難伸，一副不可冒犯的樣子。這種窮酸的架勢，有時讓人不敢領教！每個人都希望突破現況或困局，如果能放下自己，感受他人的需要，就能給人溫暖，與別人分享，此時貧窮就已經轉化了。

編者注

❿ 高麗藏本的五種難，開頭的文是「天下有五難」，見大正藏第17冊，頁722。

布施的方法很多，不一定是布施財物。小心開車，照顧別人的安全，即使路上一隻小貓、小狗，也不輕易地撞到它們。這是不是布施心呢？布施不在於有沒有錢、有沒有能力；要先處理的是布施的「心態」。「由態度來決定高度」——具有慈憫心是前提，告訴自己「我有」，我可以施捨。這得要帶一點修道的突破！

如果為了財施，去標會、借錢，大可不必。有人為了參加水陸法會的總懺主，弄得債務一堆，也是麻煩！這裡的「**貧窮布施難**」，重點在於個人對自己「能力的衡量」。個人的心力、能力、財富，可以做什麼布施？布施到什麼程度？自己要作衡量。誇大財富，撐大門面，布施的難關就很不好過。布施，必須認清自己的狀況，要先關照自己。

佛經有「賣窮」的故事，說可以賣掉貧窮。怎麼賣？就是要突破自己的障礙。每一個人的障礙不同，發現自己的障礙，以種種布施去突破自己的障礙、界限，生命才會寬廣。

2 豪貴學道難

「貴」是地位，「豪」是財富。豪貴又往往與「權」有關。擁有權勢、財富、地位的人，有時候學道難。因為他什麼都不缺，安居在豪貴裡，享用富足，這是世間的福報。這是好事，不要覺得不好。學佛的人，不是都窮哈哈的。

豪貴之餘，最好能「富而好禮」。豪貴學道是有前例的，例如：佛世的頻婆娑羅王、給孤獨長者。當代有些企業家也會做慈善、回饋社會，例如：微軟公司比爾蓋茲將巨額財富捐做慈善；蘋果公司創辦人之一的賈伯斯學習禪修。他們都是典範。

如果豪貴不學道，具有好的條件，卻沒有累積修德，是很可惜的。人不一定會一直處於豪貴，豪貴也往往沒有過三代，不是三惡道才有輪迴，世間的循環更快。而且，在豪貴之後，色、欲跟著來。有財有勢、有時間，還有保養得宜的身體可以揮霍，結果愈染愈深。這是多麼可惜啊！

當然，不是所有豪貴的人都貪淫無度。只是能潔身自愛、全身而退的人不多。這叫

做「豪貴學道難」。豪貴，更要惜福、收斂、培德。如果恣意享用福報，福報是有限度的，這不是解脫之道。

3 棄命必死難

自殺一定會死嗎？不死怎麼辦？有人生病，不忍心兒女受苦，選擇跳火車來結束生命。結果跳車沒死，手腳卻殘缺，反而給兒女、身邊的人帶來更大的負擔。「死」，不是你想死，就一定死得了！

一個女孩跟未婚夫鬧感情後跳樓，剛好賣燒肉粽的阿伯經過，便壓死了阿伯。她自己不想活，死的竟是別人！我講戒律時，問大家怎麼看待這件事，要不要判罪？有的說，應該要判罪。她自己要棄命，卻壓死別人；有時，一個家庭就這樣被拆毀了。酒駕也一樣，自己不要命，酒駕上路、亂撞，卻把別人的家庭拆散了。

每逢中秋節，我心裡都會很難過。一九九九年，臺灣發生九二一大地震，地震當天，我就趕到中寮災區現場。當地活埋了很多人，很多人為了尋找家人，不讓屍體被掩埋。

我心裡感到很難過、不忍。我想：做為一個出家人，可以怎麼樣盡本分？回到佛學院就跟法師、居士們說：「我們去安頓那些受災的家庭！現在不是趕快去募款，而是要安頓受災的家庭，讓家屬趕快把屍體掩埋掉。不然，這種情況容易引生瘟疫，問題會更嚴重！」

於是，震災的第三天，我們香光尼眾佛學院的師生搭一部遊覽車進入災區。先到嘉義搬運救災物資到車上。天還濛濛亮，這時有一位法師，從車前門走到車後去看，沒想到一個醉漢開車衝過來，把法師當場撞到車輪下。哪個是棄命的？醉漢自己不要命，別人可要命的啦！

很多老人家跟我說：「我才不要活那麼久！我要早早就走！」我說：「你要走，就走得了嗎？如果走不了，怎麼辦？」趁著還可以行動的時候，身體要多動，才有辦法自理自己的生活。

經云：「人身難得，佛法難聞，此身不向今生度，更向何生度此身！」這輩子得以生而為人，又可以學佛、聽經，要好好珍惜生命，能用功就趕快用功吧！

4 得覩佛經難

可以讀到佛經，是很不容易的。以我個人的經歷來說，早期，我的上人為了度我，拿很多佛經給我。佛經上的字，我全都懂，不懂的生字，就查字典，也可以查出那個字的意思；不過，整個文句就讀不通了。這是我個人的經驗。你們唸〈大悲咒〉，每一句咒語連在一起，你看得懂每一句的意思嗎？

《華嚴經》云：「**佛法無人說，雖慧莫能了。**」能看到佛經很難，字是看懂了，深一層的意思呢？所以，有人形容「看佛經如看天書」，讀起來有一些障礙。這是「得覩佛經難」。佛法有些是理解性的；有些是體證性的，讀佛經確實需要有人指導。

5 生值佛世難

值佛世的「難」，指的是：生在佛後，不能和佛同一個時代。縱使跟佛生在同一個時代，也不見得能夠遇見佛陀，或剛好在佛陀的身邊；縱使遇見佛陀，擦身而過，也不見得能聽到佛陀說法。

與佛陀相遇，的確是如此不容易！然而，現在可以學佛；可以聽聞佛經；可以親近善知識，是多大的福氣！這是善根福德因緣！縱使此生不在佛世，有經典結集、流傳、翻譯、傳播；代代有人註釋、講解體證。我每一次讀經，就有不同的發現和體會，讀佛經的時候，觀想佛陀對我說法，這樣「多聞熏習」，念念與佛相應，當下就已然「生值佛世」！

讀經就像照鏡子一樣，如果發現鏡中的自己有污點，就把髒的地方擦掉。有則改之，無則加勉。「**生值佛世難**」和「**得覩佛經難**」，在勸勉我們要修行用功！

6 忍色忍欲難

面對境界的各種誘惑——色與欲，需要「忍」，忍耐。與其說忍色忍欲，不如說你可以不接受誘惑嗎？台灣社會的媒體很厲害，尤其是有線電視台，還免費贈送色情節目。送上門的，你不接受它，還真的需要功夫。

當媒體免費贈送時，你要有能力與它不相應！你很努力不受誘惑，閉上眼睛，眼觀

鼻；鼻觀心，可內心還是想入非非，這叫「忍色忍欲難」。究竟是外界誘惑你呢？還是自己無法拒絕與它相應？

7 見好不求難

見好當然要求，為什麼見好不求呢？問題在這個「好」字。「好」個什麼？是比較出來的，是增上的。本章「舉難勸修」，「難」是困難、障礙，「見好不求」的障礙是什麼？先說明一般人認為的「好」。

對運動迷來說，球賽要開賽了，一票難求，也想盡辦法弄一張。又如色與欲，對愛好者來說，色與欲是「好」。名牌包、智慧型手機、限量版的鞋子，常見徹夜排隊搶購的情形。社會上流行的「好」，不勝枚舉。見「好」當然會百般去求，怎麼會不求呢？另一種「好」，積善之家必有餘慶。對某些人來說，「積善」、「去惡」，不斷增上，至少可升天、除惡道。但這麼的「好」，還是有人不求。為什麼不求？有什麼障礙呢？眼下有太多可追求的「好」——財色名食睡，哪有餘力去探求「真正的好」呢？

這一則很像「**豪貴學道難**」。對豪貴，是從所求的「好」來談，你勸他修究竟的安心解脫法，不容易。因為他眼下沒有什麼辦不到的，這就成了究竟安心法的障礙。真正的「好」，不只顧及個人、身心。從菩薩道來說，始從修身、齊家、治國、平天下，並且顧慮到地球的永續、和諧安住。在自利和利他中，留一些時間、空間，耕耘這一塊未來子孫的福地。這是必須刻意抉擇、用心經營的。

因此，這裡的「好」屬於永恆，是從覺悟的角度來說的。

8 被辱不瞋難

被人侮辱而不瞋惱、不懷恨、不生氣，很難。這是大家可以理解的。「忍」字上有一把刀插在心上。被侮辱、被羞辱時，你生氣了，是接收了對方的那把刀，這是多麼不值得！

別人侮辱你，趁機弄明白：「自己有什麼過失？」如果沒有得罪於人，是他自己生起瞋惱，那麼，「天下本無事，何需千般恨不消？」當我不接受時，禮物就由他自己

收回去吧！所謂「**往天涕唾，唾還本人**」，是他自取其辱，他自己要漱口清理，跟我無關！

9 有勢不臨難

「有勢不臨」，就是不倚仗勢力欺凌他人。「臨」，仗勢的意思。有些小孩子常跟人家說：「我爸爸是警察欸！」這就是倚仗勢力。

有些家世背景不錯的第二代，有良好的家教，從小就明白倚仗勢力不會長久，能夠在很小的時候，認真充實自己，這是真正具有福報智慧的人。

《楞嚴經》提到阿難遇到「摩登伽女難」的時候，才明白：自己一向「**恃佛威神**」，「**常自思惟，無勞我修，將謂如來惠我三昧**」，以為自己不用勞苦修行，佛陀就能賜予神力；「**不知身心本不相代**」，以為只要佛陀分一點點智慧光給我，就夠我享用不盡，但不是佛陀不給，而是「身心本不相代」。

仗勢最容易造業，自身能力沒養成，狐假虎威能多久？

10 觸事無心難

「無心」，不起心動念。

碰到事情，能不起心動念，很難。人遇到事情常常會恐懼、憂愁，能不動心是很難的！怎麼突破這個困境呢？把心胸放大、眼光看遠，對小事漸漸地就比較不會在意。或修學禪定；或修念佛法門，把心放在佛號上面，遇境的時候，回到修學的所緣，把心安定下來，再看事情如何解決。

11 廣學博究難

「廣學」就是好學、多聞。「博究」是廣泛的深入、深究。廣學和博究，二者很難兼顧，隨時要接受考驗。所謂「**吾生也有涯；而知也無涯，以有涯隨無涯，殆矣！**」生命是有限度的；知識是無涯際的，以有涯的生命來追無涯的學問、知識，太勞累了！

我常常跟學生說：「佛教牽涉的東西非常廣，有原始佛教、部派佛教、大乘佛教，還有藏傳的、南傳的、漢傳的，再加上使用的語言文字種類多，牽涉的學科多……。

雖然如此，這些都跟自己的生死大事有關。能讓煩惱減少、生活簡省、生命覺悟的，才是應該排在第一位！」

廣學博究的目的，不是累積知識，是讓自己好好的覺悟修行。廣學博究許多學問，不如專注在跟自己生命有關的事理上。

所以，廣學博究的另一個意涵，就是：栽培自己，以佛法開啟生命的智慧！

12 除滅我慢難

《般若經》說有**七種慢**⑪：諸慢、過慢、慢過慢、我慢、增上慢、卑慢、邪慢。

「諸慢」：每個人都希望自己的形象良好，有時自我感良好，自己勝過他人之處，便起驕慢心。

「過慢」、「慢過慢」：自己與別人差不多，也可能有慢心，甚至自以為勝過他人。

「卑慢」：甚至明知不如人，還是不服輸。

「邪慢」：自己沒有實德而認為有德，這也是慢心作祟。

「增上慢」：在佛教的證境中，未證言證、未得言得的慢心。七慢除了增上慢之外，大都是比較心在作怪，一種你輸我贏、我勝你負的比較心。去除慢心很不容易，其中最難去除的，是七種慢中的「我慢」。又稱為「根本慢」，是其他慢心的根本。我慢，以「自我」為中心形成的慢心，不但是「人我」對立的「我」，更內在的，是認為有「自性」、「獨一」、「常住」的「我」。

除滅我慢也不是那麼困難。只要放下人我對立，以感恩心對治自己的慢心——感恩活在世間的你我，跟人家和平相處，彼此能夠好好修道，好好生活。

至於「自性我」，從緣起法的觀點來看，一個人生存在世間，怎麼會是「獨一」呢？看清即是除滅的修法。

13 不輕未學難

「未學」，指的是還沒有學習。這是相對法，相對於已學習的人。

編者注

⑪《大般若經》，大正藏第6冊，頁887。

對於尚未學習的人，不輕視他們，是很難的。「輕」，輕視，尤其對未學或初學的人，會因為不耐煩，所發出來的語言，就帶有一點輕視的意味，不能不謹慎。

由於未學，你講，他可能聽不懂；因為他還沒有學到那個地方。此時，你講得太深就不契機了。要能不輕視的積極作法是什麼？要有耐心，不要不耐煩。父母面對孩子的好奇心，要有耐心；老師對於學生聽不明白，也要有耐心；對初學佛法的人，一而再地提點還是不懂，都要有很大的耐心。

「**不輕未學難**」，這是提醒老師要有耐心，要深入淺出，不要不耐煩！

當年我在新公園，看到出家人在慶祝佛誕，他們什麼話都沒有說，只是走來走去，我看了就很高興。那時的我，就叫做「未學」。

後來我出家了，從進入佛學院開始，我的師長、院長幫我找一個位置，讓我可以安心學習。當然碰碰撞撞是一定有的，自己年輕不懂事，常常眼高手低。有一次作早課誦持〈楞嚴咒〉，我負責敲木魚。〈楞嚴咒〉我很熟，很快地，我已經念完剎板了，怎麼大家還在念？我的師父走過來瞪了我一眼，搶過我手上的木魚槌，就往我的頭上

敲了一記；就由他繼續敲木魚，直到大眾師念完〈楞嚴咒〉。當下，我覺得很沒有面子，躲在廁所哭，不敢出來吃飯，也不敢見人。現在想想，師父的那一槌一直停留在我頭上，是我一生一世要參的公案。我是學習木魚領眾，課誦是團隊共修，異口同聲，怎麼顧著自己念完了事？

往後，我常拿這個經驗省思，有了不同層次的領會。我告訴香光尼僧團的法師們：「誦經是領眾，異口同聲，不要以為自己很會！老參、新參、僧俗們願意來共修，恭恭敬敬的念一部經，大家就是在和諧共成佛事！」

「未學」只是還沒學，不是比你差啦！對未學的人，要深入淺出，更重要的是：要相互支持，留一個位置給後面的人來趕上。你自己心有餘力，可以一方面觀察他學習的難處；一方面更精進往前跑得更快，然後一路將後學者帶上來。這才叫做「修道」。

我漸漸體會瞭解：我也是這樣被帶上路的。我應該也要有這樣的耐心，在成長的路上，把那個厚度、深度培養出來。

四小不可輕

修學，不是只看跑得快，而是在長養德行。這章「舉難勸修」，是「修」什麼？養道心的厚度、深度。在《雜阿含經》，佛陀說有「四種小」不可輕：「**小沙彌不可輕；小龍不可輕；小火不可輕；小王子不可輕**。」小沙彌雖小，你不能輕視他，將來他會做大和尚！小龍雖小，你不能輕視他，將來他會變成大龍！小火雖小，你不能輕視它，它可能形成大火燎原！小王子雖小，你不能輕視他，將來有朝一日，他會登基統領天下！

佛陀是這樣教導比丘們的！小沙彌剛剛進入佛門，要為他們找到位置，想盡辦法來帶領他們成長。

「舉難勸修」的「難」就是障礙、困難。我們要找到障礙在哪裡？同時也要看到它的困難所在。比如娶進來的媳婦，她剛剛進入你們家的生活環境，還帶著原生家庭的習氣過來；你有耐心的引導，慢慢地領著她融入你的家庭，這就叫「不輕末學」。把心胸加大放寬，增加厚度，這是做長輩的責任。

14 心行平等難

中國祖師常舉一個例子：孔子站在鏡子前，然後離開了；接著一個強盜也站在鏡子前。請問：這時鏡子映現出的是孔子，還是強盜？是強盜。「心行平等」，看待每個人，就像鏡子映照人一樣，甲照了，是甲的樣子；乙照了，是乙的樣子，不留下以前的東西。我們的心，又是怎樣的映照呢？他是壞人就一直壞到今天；他是好人，就對他一直存著好人的印象。人是這樣永恆不變的嗎？

兩夫妻來到水井旁邊想喝水，太太往水井裡面一看，怎麼水裡面躲了一個女人？就跟先生吵架。先生被吵得莫名其妙，也往水井裡面一看，結果裡邊也有一個男人。兩人就一直吵個不停。到底水井裡藏了誰啊？

心行平等的義涵是：他是什麼，就是什麼。能映照的心，永遠保持「空性」，才有可能平等對待。留意自己的心是怎麼運作的，當眼、耳、鼻、舌、身、意對境起作用時，是不是還留著過去的印象？這叫「執著」，是心行平等的障礙。

15 不說是非難

「是非」是什麼？就是妄語戒所說的惡口、兩舌、綺語、妄語。

「是非」就像一般講的「聊八卦」。我們怎麼來看「是非」這個問題呢？某人對我們講一句話、一件事，他有他的心境；聽在我的耳朵裡，我有我的背景。彼此的感覺是不一樣的。因此，如果再用我的語法去講，同樣一句話，解釋權在說者，已經不同於原來的樣貌和感覺了。

所以，這裡講的「是非」，不是故意要扭曲或傳播，而是不同的用詞、不同的語意，從另一個人口中轉出來，意義、立場，可能就改變了。要把人家話裡的語意揣摩得一模一樣是不容易的。最忌口德不佳、心念不正！

因此，勸大家寧可把時間留給自己用功！不需要你傳這些話，你聽聽就好。是非止於智者，不要再傳給第三人，才不會變成傳播是非的人。

有一位老祖母，九十幾歲還在持家，每天菜市場跑兩趟，就像是去朝聖。她買了上

等的蝦子、螃蟹、活魚，快遞送到台北的女兒家。女兒收到包裹，往屋角一放，等到打開時，蛆已經長出來了。女兒請媽媽不要再寄；媽媽不以為然，認為自己買的都是最好的，一定要讓孩子們享用。可惜的是，她的最好已經過時。於是，住高雄的兒女就說台北的不是，「要扣台北姐妹的薪水啦！」住台北的姐妹說：「請不要再讓我們背黑鍋啦！」

什麼叫「是非」？同一件事，立場角度不同，各說各話，南轅北轍。說與聽，各懷心事解讀。爭端，就從這裡出來；豐富多元，也從這裡出來。

16 會善知識難

「善知識」，能引導我們走善道的「善友」，是修道的助緣。善知識之所以成為善知識，因為他本身對善法熟稔，已經達到某種程度的修學。親近善知識，對修道有幫助，是修學成功的一半。

有時候善知識是可遇而不可求。或由於因緣不成熟，可能與善知識擦肩而過，不相

值遇；即使會遇，有時候也是忠言逆耳，而不覺得中聽。這就是「會善知識難」。

修學需要善知識，對我們修道的成就，善知識的提攜有很大的幫助。古人云：「三人行，必有我師。」善者？惡者？重點在於有「擇法眼」。

17 見性學道難

見性以後，還要繼續再進修。什麼叫「見性」？就是覺悟到諸法未生之前的本來面目。

學道是有次第的，有階段性的目標，一個叫理悟；一個叫事修。先「明心」、「見性」，然後學道、修道。禪宗有一句話說：「**大事未明，如喪考妣！大事已明，如喪考妣！**」不是開悟了就沒事，悟後起修，事更多。因為在學道、修道期間，必須磨掉很多的煩惱和習氣，而煩惱、習氣，絕不是一時可以斷盡的。

見性、悟道，道理容易懂，但是，要把不好的習慣、煩惱習氣慢慢地改正去除，這不容易。「**見性學道難**」，就是難在此處。

18 隨化度人難

「隨化」的意思是隨緣度人，有因緣就想盡辦法將人納進來，成為度化的因緣。而且因為隨緣度人，你的緣也會打開，會遇到很多的同參道友。修道需要伴侶，相互提攜、互惠，相互砥礪。自己獨自修行久了，也會覺得沒趣。

隨緣度人，需要選擇好的場地、好的助緣；避免變成打麻將、喝酒的朋友。生活上養成好的習慣，或者去爬山、運動；或者是打球、讀書會，都可隨緣度人。「度人」，在為眾生播撒菩提種子。

19 覩景不動難

「覩景不動難」與「觸事無心難」有點兒相似。這一則是針對「景」，情景、場景、景物，可能是美景；可能是與記憶有關的場景。看到這些「景」而不動心，是蠻難的。人非無心，觸景傷情；睹景思人，都是人之常情。在這裡「舉難勸修」，有人曾誤解佛教教人木石無心似的。其實不然，世間無常，很多情景在事過境遷之後，如果能

再以當下的眼光來看——過去的悸動或感傷，都成了昨日的回憶。解釋權永遠在當下。

順帶一提，在《守遂註》及《明真宗註》的版本，在這一則都是寫「覩境不動難」。「景」和「境」，兩者的指涉當然不一樣。「境」指的是情境、順境、逆境，「覩境不動」，有八風吹不動的意思。八風：利、衰、毀、譽、稱、譏、苦、樂，都跟事情的發生有關。

20 善解方便難

度人要善解，善解對方的根基，這對雙方有相互砥礪、彼此成長的作用。「善解」的意思，就是要「契理契機」。一個是契理，不要講旁門左道，那會變成邪知邪見。二要契機，契合對方的根基和需要。無論契理或契機，隨宜說法，隨當下的因緣，就叫「方便」。大乘教理有三綱：智慧、慈悲、信願。方便，需要更多的慈悲和智慧才行，更重要的是信願。你有什麼樣的信念？你有什麼樣的願景？信念和願景，就是你未

來的理想世界，或是你想達到的目標、方向。

大乘之所以可貴，貴在「方便」兩個字。你心中有了願景，你開始上路，由於「方便」的運用，一切行事，都可能是協助達到目標的資糧。

以下，我用幾個實例來說明「方便」的運用。

龍眼乾

有座佛寺的後山有很多的龍眼樹，夏天果實摘下來，烤成龍眼乾。龍眼乾把殼剝了，就可收藏當珍貴食品。所以，寺裡在夏天收成龍眼時，要全體出坡（就是勞動），很忙碌。有些人覺得自己誦經、念佛的功課還沒做完，就不參與出坡；有的人更是只做個人需要的龍眼乾，公家的沒人做。最後都變成是庫頭一個人的工作！那時，我剛好在這座佛寺掛單。我說，乾脆賣給在家人，讓商人處理不就得了！庫頭法師說：「出家人不可以作生意。」我說：「出家人不用去賣，是委託在家居士處理。」

修行能單純、認真地用功是很好的，如果把它轉化成一個有效的方法，不是更好嗎？

這就是「善解方便」，也是「抉擇」的問題。

魔鏡也要善解方便

白雪公主故事裡的皇后問魔鏡：「誰是天下最漂亮的女人？」魔鏡說了是白雪公主。皇后心裡很難過，就設計陷害白雪公主。魔鏡如果善解方便，知道皇后一心要成為天下最漂亮的女人，就善巧地說：「皇后最漂亮。」白雪公主遇難的事，不就不會發生了！

醫生的抉擇

有個大夫去世以後，被帶到閻羅王面前，閻羅王清算他的生死簿，說他害死兩條人命。大夫喊冤，說：「我一生從沒害過人，我行醫很謹慎的。」怎麼會這樣呢？原來當年，有個婢女去找他，希望大夫給她墮胎藥，因為小姐需要。大夫說：「我不做這種事。」過幾天那位婢女又來了，說：「再不給墮胎藥，如果被員外知道這事，小姐會被逼得投井跳水。」大夫還是堅持不給。結果那位小姐就自殺了，一屍兩命。

如果你是醫生，要不要給？這叫「緣起法」。一般談因果善惡，其實，因和果之間，有很多因緣持續在變化。當下對因緣的判斷，相當兩難，也考驗個人的抉擇和慧解。這就是「善解方便難」。

修慈悲、智慧，更要修方便，擴大自己的願景。信願愈大，眼界就更開闊，作法也更彈性。除了照顧自己不殺生的善心，也照顧到那位小姐。

你的信願，也會讓你作出不一樣的抉擇。

路邊的佛像

有個人看到一尊佛像在馬路中間。那天雨下得很大，泥濘滿地，他就把佛像撿起來，放在路邊一塊石頭上。不久，又有一個人走過，他很疑惑，佛像怎會放在路邊？馬路上的泥漿，會噴到佛像上啊！於是他把佛像擺高，放在小矮牆上。第三個人走到這裡，又看到那尊佛像，淋雨欸！他就把自己的斗笠拿下來，蓋在佛像頭上。此時，又來一

個人，看到佛像上的帽子隨時會被風吹翻，就發心幫佛像蓋一座廟。

這個故事在告訴我們：每個人都有善心，在當下的因緣，他成就了善法。儘管當下所做的，不是究竟；只問自己心安，就做了。不用去管後面怎麼樣；一定要怎麼樣；非怎麼樣不可！智慧就是在那個因緣下，支持著自己的善念，隨緣皆成就。這是「善解方便」。

善有善報，五戒、十善這是人天的基礎。雖然還在六道輪迴，只要存著一份修道的善心、一份菩提心、一份善念，就可以引導你，直至成佛。所有的佛，也都是從這一份善累積起來，慢慢地走向那一條成佛的路。

結語

從「善解方便」，我們回頭來看這二十難。

「貧窮布施難」，如果有修道的心，儘管我現在什麼都沒有，然而一掬水也可以幫助人；一個笑臉也可以幫助人。儘管是少得很，修道，就從這裡開始了。

「舉難勸修」，真正的「難」在哪裡？

從前，蜀國有兩個和尚，一個有錢，一個沒錢。有錢的和尚想去朝拜普陀山，他積蓄很多錢，買了船，買了裝備，什麼都買好了，卻總覺得不夠，去不成。另一個貧窮的和尚，他也想朝拜普陀山，他說：「我一瓶、一缽足矣！」

水瓶是喝水的，缽是吃飯用的。等窮和尚從聖地朝拜回來，富有的和尚還是走不了；邁不開；行不得。難在哪裡？缺乏行動力。感覺到艱難、不容易。

修道沒有很難，只在自己發菩提心，就轉了。菩提心是修道的心、開放的心，願意往修道的方向走的心。心念轉，命運就轉了。

你有信願、願景，希望兼顧教學、修道、家庭和睦、事業改善……等等，事情多如麻。你說很難；確實也很難。但是，你找到一些臺階、一些方法，讓自己跨過去，這就跨過去了。當然跨過去之後，還有下一關等著你呢！

修道，就是這樣一個一個不斷連續的歷程。這是我的人生哲學。

剛出家時覺得修道這麼漫長，覺得很煩，尤其佛寺的事情那麼多，又得一再重複這些次第！我跟師長反應。師長說：「你不耐煩什麼？這一餐吃完了，洗你的碗去！下一餐再說！」懂了「方便」法門之後，好像找到精進的方法和樂趣了。原來，「當下做完，當下了！」快活又自在。又如讀經，今天讀到一個偈頌，可以跟我的修道印證，自己就很喜樂。這叫「自得其樂」。

打坐、修法、讀佛經，我從不想一步登天、一蹴可幾，而是要知道路途方向。修道在找的，就是這樣的路——天天都有活泉，不斷從心中湧現！

第十三章

問道宿命：重點在清淨自心

沙門問佛：「以何因緣，得知宿命，會其至道？」佛言：「淨心守志，可會至道。譬如磨鏡，垢去明存；斷欲無求，當得宿命。」

在這一章佛陀指出：修學的方向或目標在追求「至道」，是究竟解脫煩惱的道路。到達究竟之道，可以得到宿命通，但得到宿命通不是修學的重點。這是因果本末的釐清。

「宿命通」是佛教所說六種神通之一——天眼通、天耳通、神足通、他心通、宿命通、漏盡通。知道過去、未來的宿命，就是宿命通。媽祖兩邊的護法——千里眼和順風耳，具有天眼通、天耳通。神足通是可以飛快地跨越到另一個空間。他心通是知道別人在想什麼。漏盡通，盡除煩惱，煩惱不再生。六神通之中，漏盡通是最究竟的。

一位沙門問佛：「**以何因緣，得知宿命，會其至道？**」「會其至道」，就是問如何才能與至道相應？但是，這位修行人想要透過宿命去預測怎樣可以「得道」——

在過去世，我曾經修了什麼；未來繼續修，經過多少生、多少世，我就可以證果。他好奇的是：用什麼方法，可以得知宿命。

佛陀卻回答：「**淨心守志，可會至道。**」佛陀直截切入核心，「會其至道」要透過「淨心」，與知不知道宿命沒有關係。修道的方向，或說是修道的核心就在「淨心」——心的覺知是明淨的，自己的起心動念是清楚的。「守志」，堅定意志、志願。縱使明瞭宿命，也一定回到淨心，才能會歸至道。

古德說：「修行沒有捷徑，一定要識得路途。」知道宿命、具有神通，修行時間並不是就能縮短。有時候具有神通反而會作怪，甚至走入歧途！

印度古代有一位龍樹菩薩，他極頂聰明又調皮，年輕時學會了隱形術，就和同伴進入皇宮戲弄宮女。皇室不勝其擾，就找來高人設法，只要他們靠近宮女就砍殺。龍樹幸運地逃了出來，而他的同伴卻被砍死。他心中非常後悔，再如何運用神通也救不回同伴的性命。於是龍樹就出家，「淨心守志」，認真向學，成為「中觀學」的祖師，被尊為「千部論主」。

佛陀對於弟子的教導，有些弟子想修神通，如提婆達多曾請佛陀教他神通，佛陀是不答應的。這也可以看到人們對於神通境界的好奇。

於是佛陀繼續回答人們很想知道的一個問題，怎麼得到宿命通？佛陀用磨鏡作譬喻，「**譬如磨鏡，垢去明存；斷欲無求，當得宿命。**」就像把鏡子的塵垢去除，鏡子顯出明亮；是愛欲攪和了我們的心，如果把心澄靜下來，垢穢去除，無所倚求，心中的光明顯現，就得到宿命通了。

原來，宿命通是「淨心」的顯現，而不是修道預先設好的目標！

宿命通是關於命運的，知道一個人的過去、未來。有的人很喜歡看《達摩一掌金》算自己的命運。為什麼想要算命呢？可能這陣子運勢差、不順遂，就像俗話說的「歹命愛算命」。有的人算命算得還蠻準的，但是能算準的，只能算過去，不是算未來。明朝袁了凡寫的《了凡四訓》就是在說這個。

袁了凡年輕時曾算命，他的命運果真都如算命先生所言。從此他就很認命，也不太有作為。有一次，他遇到雲谷禪師，和禪師對坐三天。三天下來，禪師發現袁了凡妄

念不起，就很訝異，問他是怎麼做到的。袁了凡說：「榮辱死生，皆有定數。」就提及過去算命的事。雲谷禪師就說：「原來以為你是一位豪傑，沒想到你還是一個凡夫！」就告訴袁了凡：「即使算命先生算得非常準，你還是能轉變命運的。」袁了凡這才知道命運是可以轉變的。

袁了凡問：「我的官位還能再升嗎？我膝下無子，能生個兒子嗎？我的壽命只到五十三歲，還能增加嗎？」

雲谷禪師說：「你做一千個善舉，就能如你所願。」

於是袁了凡積極行善，並作記錄，太太也幫忙做，短時間內就累積許多善舉，科考後當上知縣；當上知縣後，繼續做善事，常常一個好的政策就造福許多民眾，正是所謂「公門好修行」。後來他活到七十四歲，也有子嗣。

算命先生一般看過去的事情較準，但預測未來就沒有那麼準確。現在的一念，會改變未來的發展，可能向善；也可能向惡。而且一般人也無法看到很長久的過去。

佛陀的弟子周利槃陀伽出家就是一個例子。起初僧團的比丘們看他沒有善根，沒有

人收留他。他記性不好，連「掃把」這麼簡單的單字都記不起來。那一天，他在僧院門口，徘徊傷心難過。佛陀經過，知道了原委，便以宿命通看他的過去世。佛陀說，周利槃陀伽確實很久很久以來都沒有用功，但是在那之前的久遠劫之前，還是種了那麼一點善根。於是佛陀就度他出家。周利槃陀伽在佛陀的指導下，果然很快地開悟證果。

為什麼僧團的比丘們沒有看到他的善根呢？因為他們大多只能看到三、五世或五百世，不像佛陀可以看到久遠劫以前。

如果要看宿命，看的就是這一念善心的純淨。我們念佛，念萬聲、十萬聲……唸多少萬聲，是不是就很有善根呢？

有個人每天念佛，念了難以數計的多。有一天，他去世了，發現自己來到閻羅殿。他跟閻羅王抗議，他的佛號都裝了好幾麻袋，怎會還來這裡。閻羅王教小鬼拿風鼓來吹，結果風鼓一吹，佛號就像糙糠捲上天，只剩一粒沒被吹走。他恍然大悟說：「這是那天打雷時，念的一句阿彌陀佛！」閻羅王說：「就憑這一念打從內心念出來的佛

號，你可以超生了。」這一念的真實心是很難得，也是「會道」的因緣。

學佛、用功，但卻是進進退退，有時候善心生起，認真檢查一下，三心兩意還是蠻多的。看看當下的自己，約略可以知道過去種了多少善根。縱使有神通，又怎樣？求神通或玩弄神通，反而荒廢道業。

「至道」比神通重要，得到至道，就得到宿命通。此時此刻，你把心繫在道上，身心澄靜下來，勤修至道，最後斷欲，無所倚求，自然就會有神通。

第十四章

請問善大：什麼最善？什麼最大？

沙門問佛：「何者為善，何者最大？」佛言：「行道守真者善；志與道合者大。」

這一章跟上一章很相近，十三、十四、十五這三章都在講守道，分別從不同的角度說。第十三章問宿命，第十四章問善，第十五章問力明。不論是讀書求學或是修道，都在處理心的厚度問題，不在爭是非對錯。

「**何者為善，何者最大？**」佛陀回答：「**行道守真者善；志與道合者大。**」「行道」就是修道，破除障礙我們的煩惱。「真」就是真理、真心。

「守真」是守住真理，堅持正確的道理。「**行道守真**」在正確的路途、正確的方向上，用正確的方法和態度修行。「善」字跟「美」、「祥」字同義，指最美最吉祥的。行道守真是善，最美、最吉祥。

「**志與道合**」中的「志」指意願、志向。我們的志向要跟「道」相應。不論修學何種法門，要用正確的態度、正確的方法。以佛法的修學而言，就是勤修戒定慧。「志

與道合」是最大，「大」，最重要、最究竟。

有句話：「發心如初，成佛有餘。」在修道的路途上，一直有很多的考驗、挫折和折磨。不是出了家，就一路順遂；也不是學佛後，所有的困難都自動消失。

有位法師身體「四大」不調，去看中醫。等待看診時，有位女居士也來看診，就對他說：「我的師父告訴我，認真修行就會增長福慧，事業順利，兒女聽話，也不會生病。我業障深重，所以生病、進醫院。師父您也進醫院，是不是您修行出了問題？」那位法師聽了，如坐針氈。

很多人一生病就歸罪到「業障深重」。身體，就像機器，汽車、房子、橋樑都要維修，不可能一直很協調。生病，是當下的因緣。病了，就去處理它、接受它，有時從心理上就可以解決；有時候需要醫生開藥方來平衡。

不能說四大不調，就是業障喔！

有時我們說：「千金難買早知道。」早知道是這樣的結局，當初就怎樣怎樣做比較好……千差萬差，就是希望早知道，希望事事順遂。

然而，不生病、事事順遂，不是「究竟義」。有時遇到一點兒逆增上緣、折騰，面對更多的考驗，反而讓我們思考生命的真義。遇到任何境界，以「始終如一」的態度來面對，這也是「行道守真」的正確做法。

太虛大師說：「**仰止唯佛陀，完成在人格。**」佛陀是我們的楷範，我們向佛陀學習；最後，完成的是我的人格。學佛以後，回到做人的本位，自我提昇，處理人世間的種種問題。縱使成佛，還是人的提升。什麼叫做「善」呢？就是看到自己的不足，並願意不斷的修正、調整，這叫作「善」，也是修行。

何者為善？「真」最善。真理、真相，能看到彼此，以及彼此合起來的整體。何者為大？「道」最大。心包太虛，全部都納到我們的心中，成為心中的一把尺。

第十五章

請問力明：忍最得力，心淨最明

沙門問佛：「何者多力，何者最明？」佛言：「忍辱多力，不懷惡故，兼加安健。忍者無惡，必為人尊。心垢滅盡，淨無瑕穢，是為最明。未有天地，逮於今日，十方所有，無有不見；無有不知；無有不聞，得一切智，可謂明矣。」

這一章問「力」與「明」。「**何者多力**」，什麼力量是最多的？「**何者最明**」，什麼是最明亮、清晰的？

「**忍辱多力**」，忍辱是最多力的。為什麼？「忍」的字形，是一把刀子插在心上。「不懷惡故」，心中不懷有惡心。縱使有人用惡心來對待我們，我們不存報復的心，這就是心的厚度。「兼加安健」，更加安健，在道業上加倍增長。

「**忍者無惡，必為人尊。**」一個人能忍辱，沒有報復的心，必定為大家所敬重。

因為他遇到逆境能夠轉化，提昇自己，開展視野。

「忍」是修道的基礎。受到別人侮辱，我們全部接受、接納，但不等於認同，這是修忍辱波羅蜜的開始。持戒的核心精神就是「忍」。俗話說：「退一步海闊天空。」能退一步，容量更大，雖然有一些委屈，卻培養出忍辱的力量。

「忍」，在大乘經典有各種分類和解釋。一般常見的是如下三種分類：生忍、法忍、無生法忍。

「生忍」，對眾生的忍。凡是眾生對我們各種順逆或不饒益諸事，能完全接受，就是「生忍」。例如：對方有意無意說的話，我們聽了會覺得他是衝著我們找麻煩，或對我們大不敬。

春秋戰國時代，齊國孟嘗君名滿天下，秦昭王一心要請他作秦國的宰相。秦昭王的大臣就極力勸阻，說他是齊國人，心向著齊國，不可能為秦國著想，就設法囚禁孟嘗君。孟嘗君的食客使用「雞鳴狗盜」的方法協助他逃離秦國。回齊國時，路經趙國。趙國的人民聽到孟嘗君要來，萬人空巷要一睹孟嘗君的風采。有人看了覺得他又瘦又

小，就在底下竊竊私語：「本來以為孟嘗君長得魁梧高大，現在看來也不過如此！」這話被孟嘗君聽了，自覺被羞辱、貶抑，他一手按劍，怒形於色。隨行的食客與隨從，見狀就衝下車，把那個人殺了。事出突然，有人高喊：「趕快逃！」後面的人不知發生什麼事，亂成一團，相互踐踏，很多人死在慌亂之中。

我們以為對方找我們麻煩，其實是對方把事實「說」出來。

有時，語言也容易引生誤會。多年前，我在台大醫院照顧一位生病住院的法師，聽到隔壁房一直在叫：「悟因師！悟因師！」那位生病的法師也急起來，要我趕快去看看。原來那個人在找「吳醫師」。聽成「悟因師」，與自己有關，就跟著忙起來。

聽話，聽到與自己有關，很容易心動。經典也教導「**隨順音聲忍⑫**」，聽到各種順逆的聲音，能學習安住如山，仔細聽，辨析對方在說什麼。

「法忍」，就是忍受飢渴或大自然環境的變化，太冷、太熱、颳大風、下大雨、蚊蟲太多等等。這些不全是我們所能夠掌控的。「忍」就是先接受；然後處理；再自我轉化。

「無生法忍」，對「無生」之法的體悟。「花開見佛悟無生」，這是在西方極樂世界體悟無生法。我們修忍辱，一定要努力學習進入「無生法忍」，從忍中觀照諸法「不生」的實相，讓心中不斷湧出光明與善念。

其實，五濁世間就有無生法，只是我們不容易領會。例如：孟嘗君在趙國引起的混亂，是可以不發生的。如果孟嘗君清楚前後左右的局勢，如果他明白自己一言一行是動見觀瞻，加上自己的把持力，安忍別人對自己的評語，他的「忍」就成為一股支撐的力量，可以撐住場面，使他的食客和隨從不致衝動行事。

所以，佛陀說：「忍辱多力。」這「忍」的力量很大，可以庇蔭很多人。不只是「小不忍則亂大謀」；還可以有另一個層次的學習，就像道家說的「減損法」，將心中的塵垢逐步減損，心中本有的光芒就會呈現出來。因此，本章經文說：「**心垢滅盡，淨無瑕穢，是為最明。**」心澄靜下來，智慧就開顯。如果智慧沒有顯發，是無明煩惱

編者注

⑫《華嚴經》講十種忍之一，大正藏第9冊，頁580。

去除得不夠徹底。

「**未有天地，逮於今日，十方所有，無有不見；無有不知；無有不聞，得一切智，可謂明矣。**」從無始以來，一直到今天，一切十方所有，我們不見、不知、不聞的所有智慧，都應該學習、完成，更上層樓的用功，將所有未通達的，一一完成，最後得到一切智，這是最透澈的「明」。

「明」是什麼意思？如偈語所說：「**天上天下無如佛，十方世界亦無比，世間所有我盡見，一切無有如佛者。**」「佛」有六通三明，六通是六種神通；三明是天眼明、宿命明、漏盡明。「明」是智慧全部的打開，能徹見一切，沒有些許煩惱障礙。

從前，有個人考科舉，考上後就派官。在上任前，他去感謝授業恩師。老師說：「你很用功，還要再上層樓，所有的考驗才剛開始。」他回去再用功，結果隔年又再晉一階。於是他再回去感謝老師，老師還是那句話：「你很用功，還要再上層樓，所有的考驗才剛開始。」從秀才、舉人、進士，每次派官，他就回去感謝老師，而老師每次都講同樣的話。有沒有道理啊？有的。

例如考上大學，心裡就明了嗎？未來還有就業問題，還要更上層樓。拿到畢業證書，就明了嗎？進入職場的挑戰，還有下一步呢！明，還要再明！

除了讀書、就業，還有人與人之間的相處，經驗累積、面對的問題，每一個領域、層次都不太一樣。如果你是管理階層，有人說他遇到了緊急狀況。當下，除了迅速掌握問題和觀念，你還要更進一層地提攜他，協助屬下發揮更大的潛力。

每一個人的經驗、智慧，都是不太一樣的。當下的因緣，彼此都不一樣。相互尊重，別人成為你的指引，你成為別人的眼睛。它不只是一加一大於二，應是等比級數的，「力」加大，「明」加大。

第十六章

捨愛得道：愛的提昇

佛言：人懷愛欲，不見道者，譬如澄水，致手攪之，眾人共臨，無有覩其影者。人以愛欲交錯，心中濁興，故不見道。汝等沙門，當捨愛欲；愛欲垢盡，道可見矣。

章題「捨愛得道」中的「愛」字，指的是經文中「**人懷愛欲，不見道者**」的「愛欲」。愛欲就像文中形容的：「**譬如澄水，致手攪之，眾人共臨，無有睹其影者。**」把一缸清水，用手攪和成濁水，大家臨著水面，都無法望見自己的影像。人懷愛欲，心中懷著想要的東西，可能是人或事、物。「濁興」，濁浪翻騰，心念像海浪翻滾無法平靜，就不能見道。

「愛」和「愛欲」是不一樣。「愛」，是你需要伴侶相互支持、相互成就，並且愛屋及烏，愛你的孩子、家人。而「愛欲」，更多的是佔有、執著，有的人甚至「愛之欲其生，惡之欲其死」，形成操控。太激烈的愛欲，是比較麻煩。

「愛欲」，在一般的情況，指讓人心有所偏好，選擇性的喜歡與不喜歡。若是夫妻

之間，感情好的時候，彼此愛得不得了；吵起架來談離婚，談的都是分財產的問題，甚至連鍋碗瓢盆都分。不禁讓人感慨：「問天下愛是何物？情是何物？」

佛經認為人的投胎，是從愛欲而生。投胎之前，會先看到爸爸媽媽在做愛，女生常常會對爸爸好一點；男生比較喜歡媽媽。這是「愛欲」。

「愛」有小愛、大愛，西方宗教非常重視愛，叫「永不止息的愛」。一般人愛子女、伴侶、家庭、鄰居、同胞、國家……不同對象有不同的感情世界。「愛」不是固定不變，也並非只是單向的。必須不斷培養，與伴侶互動，到成為志同道合的同修，意見不合時，相互容忍，成為一種責任、理性的愛。這才是真正的「愛」。

眾生也叫做「有情」，要捨棄的是愛欲，而不是愛。人，不能絕情、無情。

《金剛經》說：「**所有一切眾生之類：若卵生、若胎生、若濕生、若化生；若有色、若無色；若有想、若無想、若非有想非無想，我皆令入無餘涅槃而滅度之。**」這是從小愛發展成慈愛、大愛。除了愛自己的家人；也愛一切的眾生；愛我們的環境。即使智慧還不夠，也能把自己的慈悲心轉化、放大。

「汝等沙門，當捨愛欲；愛欲垢盡，道可見矣。」要去除的是「垢」，捨棄愛欲之「垢」，放下私我佔有的愛，昇華成對眾生平等無私的愛。大乘的修法，所以能夠得度，是讓自己的修行擴大，包納一切眾生，願意彼此分享、平衡、和諧共處。得道的「道」，在無我、無私的慈悲，這叫「菩提心」。

第十七章

明來暗謝：光明來了，黑暗就不見了

佛言：夫見道者，譬如持炬，入冥室中，其冥即滅，而明獨存。學道見諦，無明即滅，而明常存矣。

章題：「明來暗謝」。就像古德說：「**千年暗室，一燈能破。**」一個房間千餘年來都處在闇冥的情況，只要一盞燈就能照明。未聽聞佛法時，心的覺照是暗的；聽了佛法後，心光一打開，黑暗全數驅離。

一個見道的修行人，聽聞佛法，見到心中的光明，「**譬如持炬，入冥室中**」，如同手持火把進入暗室，「**其冥即滅，而明獨存**」，暗室裡的闇冥就消失，惟一光明獨存。

「**學道見諦，無明即滅。**」為什麼「無明」可以消失無蹤？因為無明沒有自性，它不是一個長存的東西。

「無明」有很多種解釋，無知、煩惱等都叫無明。事情看不清楚，心裡自我攪亂，也是無明。無明的反面就是「慧」。佛家講智慧、慈悲，開發了智慧與慈悲，就叫

「明」。知道自己的苦，知道自己的執著在哪裡，無明就解除了。你知道苦諦、集諦，就叫「見諦」。

把燈光打開時，黑暗跑到哪裡去了？沒有地方可去，也沒有留下痕跡。

「明來暗謝」，明暗相間，好像光明有來有謝，有生有滅。「學道見諦，無明即滅」，見道的時候，無明馬上消失。無明跑到哪裡去？有來去的痕跡嗎？請參參看，這也是禪修的公案。《楞嚴經》的前段都在問這些。

照亮無明，常常在一念之轉。明白佛陀的教導，般若光明顯現，就打開心光；心中無明滅去，煩惱漸滅，「**而明常存**」。真如的光、佛性的光，一旦打開，那「明」是常存的。

第十八章

念等本空：真正的自由

佛言：吾法念無念念；行無行行；言無言言；修無修修。會者近爾；迷者遠乎。言語道斷，非物所拘，差之毫釐，失之須臾。

這一章的重點字有四個：念、行、言、修。

第一句的「**念無念念**」是「念『無念之念』」的意思。後面的「**行無行行**」；「**言無言言**」；「**修無修修**」，也是同樣的句型，亦即「行『無行之行』」；「言『無言之言』」；「修『無修之修』」。這是佛陀所教的「本空」，或說是「無」的法門。

什麼是「念『無念之念』」？第一個念字是動詞，「無念之念」是它的所緣，所念的對象。就像我們念佛、持咒或禪修時，心念的所緣是咒語、佛號。雖然念頭像波濤一樣，起起落落，沒有停過，而對於佛號、咒語或心的這些所緣，你是看得清清楚楚，並不隨波濤的心念之流流去。如此，「**會者近爾；迷者遠乎**」，「近爾」就是近處的意思，能夠領會明白這叫「念『無念之念』」；迷惑的人，就像在手之外的地方去

找手心、手背，距離就很遙遠了。

「無念之念」是有念還是無念？是有念。但它們是所「看」、所「觀照」的對象，當下是無念，或說是無生法。明白這道理，那就「**言語道斷，非物所拘**」，一種自由自在不受束縛，難以用言語文字形容的一種境界。

「**差之毫釐，失之須臾**。」「毫釐」指空間的短小；「須臾」講時間的短暫。儘管時間及空間上只是些微差距，對無念「不會」的話，彼此是南轅北轍，差距很遠的。再說明一下「**非物所拘**」。大家都知道修行很好，但勸人來道場共修，對方就推託孩子還小，沒時間修行；或是房子漏水，沒辦法修行；或還沒退休；或身體有病；甚至掉牙齒、兒子還沒娶媳婦……等等，都可以是不來修行的藉口。要問的是：「究竟是什麼障礙了你？」

電視台有個 Call-in 節目，觀眾如果 Call-in 成功，可以得到兩張電影票，數量有限。有人趕快撥電話 Call-in，電話撥通了，卻是打到醫院去；趕快掛掉再撥一次，又打到別的機構；後來就怎麼也撥不進去了，氣得摔電話！不但獎品拿不到，電話也摔壞

了。是電話障礙了他嗎？是撥電話的技術太差嗎？還是那兩張電影票障礙了他，攪亂了他的心？

很多事情都是因緣和合，也可以說他沒福報拿到那兩張電影票。追究起來，他本來就不缺那兩張電影票！只因為聽到「Call-in，可拿兩張電影票」，心就開始追逐。加上Call-in過程對不上焦，發脾氣、摔電話……怎麼無端生起這些風波呢？這叫做「非物所拘」，不是外物障礙我們。說起來，是念頭跑得太快，自己沒看清楚，反而找很多藉口，支持自己的選擇。若是靜下心來，回顧這一場短暫的夢，你可能啞然，「念等本空」，而且「**言語道斷**」，自己無端惹風波！

第十九章

假真並觀：世間的真實

佛言：觀天地，念非常；觀世界，念非常；觀靈覺，即菩提。如是知識，得道疾矣。

佛教教典最喜歡用「觀」字，禪修叫「內觀」，觀世音菩薩的名字也有「觀」字。「觀」是超越有、無的一種觀。為什麼不用眼睛看、耳朵聽呢？眼睛看東西，有時候並不準確，像是把筆放在水杯裡面，看來似乎折斷了，這是因為光線的折射。有時隨著心情或其他因緣，同一樣東西，看起來的價值感會相差很多。所以，這章的「觀」字，是用慧眼來觀，不是用眼睛看的。當然，聽聲音也是一樣是用心聽，不是用耳朵聽。

「**觀天地，念非常；觀世界，念非常。**」「天地」、「世界」是所觀的對象。「非常」，就是「無常」，地震、颱風、龍捲風、土石流……等，大自然的變化不曾停止過。除了大自然，人類世界也一直在變動，像釣魚台事件，以前沒有人住釣魚台，現在日本也要；中國也要；也說是台灣的。為什麼？爭的是那個孤島嗎？還是發現地底下有石油呢？「界」在哪裡？國界、疆界的重要性也不是一直不變。人為設定的疆域，

也在無常變化挪移中。

古人說：「天地萬事一局棋。」說的就是「無常」。有位居士是獨生女，父母留給她很多田產。她很懂得經營，自己又添置很多田產，都登記在兒子名下。有一天，她看到陌生人在她的田地上翻土，她問：「這是我的田，你們怎麼會在這裡？」對方說她兒子已經把田賣給他們，已經過戶了。她問兒子，兒子說：「我把它處理掉比較省事，以後才不用繳遺產稅！」

這位女居士去世後，他兒子在媽媽的忌日來香光寺，對我說：「我媽媽生前過得很辛苦，也常來麻煩師父！」我說：「不會啦！」問他田產的現況，他說全都賣了。那位女居士捨不得田地，兒子卻全部賣掉。古人說：「田園厝宅百字姓。」田地厝宅很難長久擁有，總是在轉手變動之中。

「**觀靈覺，即菩提。**」「菩提」，覺、覺悟的意思。「靈覺」，指我們的心。這個心有覺察、覺照的能力。說它「靈」，是說心的靈知、敏銳。心的靈知，能以心觀心，後念能觀前念。反觀這靈動的心，你是醒覺的。你覺知到天地、世間不斷的變化，

就不會被權、位、名、利等等的變化，而弄得心裡七上八下。

「**如是知識**」，這樣的識知、了知。「**得道疾矣**」，得道就快了。句中「知識」不是讀書學到的知識，而是「覺知」的意思。「疾」，「快速」。心觀照天地、世界，以穿透時空、超越有無的智慧，覺知它們是無常、變異，就不致患得患失。看到無常變化的事實，到最後連身體、財物等等都要放下來。

看到變化，不必太悲傷，變化反而有超越現況的可能，能帶來希望。這是本章章題「假真並觀」真正要傳遞的訊息。

「假真並觀」，「假」與「真」是對揚。「假」就是虛假、假設、施設。只是安立權宜，沒有實體，不是它不存在，是說它有生滅相，沒有堅實性，但在現象上，有它的存在、影響。由於不是究極實有，只是安立，故稱為「假」。「真」，真諦、真理。佛家說的真理，是從無常生滅去透視諸法自性無所有，也就是空性，宇宙最高的真理。

「假真並觀」是假與真同時並存的觀照。我們的心可以像鏡子一樣，同時從客觀、主觀兩種立場去看待事情。

榮獲諾貝爾文學獎的中國大陸作家莫言，有一本作品《蛙》，討論中國文化裡男女兩性的不平等待遇。在書中，他敘述姑姑是產科助產士——產婆，提到有很多女嬰在出生前就死了。這有時代背景，中國雷厲施行一胎化政策，人們想把這一胎的機會留給男生，這是重男輕女的文化習俗。不只中國，世界上許多地區的女性也居於弱勢地位。台灣的法律規定遺產繼承男女平等，但實際分財產時，卻不一樣。莫言透過一枝筆，流露他的關懷——男女不平等，表達文化背景、社會現象、生命苦迫的這一面；同時也彰顯人性悲憫、相互支持的另一面。

「假觀」，是凡夫的心情，不了諸法，隨生滅相而轉，受其影響而左右。生命的苦迫，盡在其中；「真觀」，是聲聞阿羅漢的修行，在無常變化不斷衝擊的波濤中，看潮起潮落，體悟到無常的理則——諸法空相。「假真並觀」，是菩薩的悲願。菩薩善於觀察當下的因緣，既有存在的「假相」，又能體會諸法「空相」；見眾生被無常逼迫所苦，產生拔苦與樂的悲憫心。

「假真並觀」，可以庇蔭別人；也可以庇蔭自己更快速得道。觀看無常及無常的變

化與挪移，常覺生生不住，又能回到現觀。當下，心得自在、安然，此即本章所說「如是知識，得道疾矣。」

第二十章

推我本空：青山不礙白雲飛

佛言：當念身中四大，各自有名，都無我者。我既都無，其如幻耳。

本章章題：「推我本空」。「我」一直在變動，沒有主宰，沒有恆常性，所以說它是無常、苦、空、非我。「空」，不是「沒有」，是「沒有堅實性」。

「**當念身中四大，各自有名。**」句中的「四大」指地、水、火、風。四大原是印度哲學，佛教接受了這個觀念。自然界或人的身體解析到最後，是四大元素和合而成。中國解析物質界有「五行」——金、木、水、火、土。無論是四大或五大，它們一直在變動中，平衡是不容易的。

「**各自有名**」的「名」，指的是地、水、火、風的名稱；以及身體各部位器官：心、肝、脾、胃、肺、腎等；還有各種維持生命的系統：消化系統、呼吸系統、循環系統等，這些都有名，各有各的特性、特質而區隔開來。其中有硬的，如：骨骼、肌肉、齒牙、爪髮；有流動性的，如：血液、唾液、體液的循環等。「都無我者」，在各器官裡找

不到一個獨立、自主的單位。頭腦是我們的神經中樞，可發號施令，但是呼吸停止，心臟無法輸送血液到頭部，腦神經就發揮不了作用。它們「各自有名」，但身體的哪個器官可以獨立運作，不必和其他器官配合？沒有一個可以獨立、自主。這就是佛法講的「無我」。

「**各自有名，都無我者。**」講身體四大無我。人與人之間也一樣，我們希望能夠獨立自主，渴求不必跟人家打交道，這是不可能。以我為例，剛出家時，以為認真誦經就好，沒想到要做那麼多事——必須與信眾互動，接受信眾供養。出家人的「缽」是讓出家人跟世間結合的橋樑。人，不可能孤立存在，不可能自外於社會。有誰可以獨立在這個世間，不跟社會接觸呢？團體成員之間，彼此要相互配合，才能和諧運作。

禪門有個公案「我是誰」，提出來讓大家參一參。在成長路上，自問：小時候的樣子，是我嗎？成年的時候，是我嗎？事業有成的時候，是我嗎？老的時候，是我嗎？還是臨終時，才是我？哪一個是我？你說：從頭到尾都是我。小時候是小女生、小男生；長大做人家的太太、媽媽或先生、爸爸；以後就變成阿嬤、爺爺；又做了曾祖；

最後成黃土一坯。這些過程是不斷連續的，以致於錯以為是有個「我」在支撐著這個身體的變化，這只是身分、角色不同。

或以為「心」是我。但心在哪裡？是肉團心嗎？不是。會思考、會感受的是我嗎？和人家爭吵時，找找那個感覺——此時此刻，聽到聲音的「我」；那個爭吵的「我」；以及感覺到別人欺負我的「我」……「我」在哪裡？佛經說：「有受而無受者。」如果感覺到受傷，其實你是找不到一個承受的主體。「**我既都無，其如幻耳**」，「其」指的是觸境生心的「心」。

清朝順治皇帝說：「**來時糊塗去時迷，空在人間走一回！未曾生我誰是我？生我之時我是誰？長大成人方是我，合眼矇矓又是誰？**」句中出現許多次「誰」字，其實在問：「這裡面有不變的我嗎？」所以，聽人說話時，當下作觀，不隨這些聲音、語言起舞。人家罵你，這個禮物要不要收，由自己決定！如果對方說的話，太難聽，是他自己要負擔因果。眼前這些聲音，很快就飛過去了，你不接，對方就提回去了。這叫做修行、修觀。

保持佛性跟靈靈覺覺的一顆心，才不會跟著外境動盪。

有一個學生問老師：「如何才能從三界中解脫出來？」老師反問：「你在三界住多久了？」學生又問：「究竟如何才能解脫？」老師說：「青山不礙白雲飛！」

我在香光山的竹林中散步，山上的桂竹筍很漂亮，疏密有致，雲霧就從竹林中飄過，我很多的心事也從那裡飄過。到山上禪修，不一定要坐在禪堂，在竹林裡走走，誰礙得了你？修觀不是用眼睛看，而是用心觀。來到世間，都有一些事情讓人掛慮，能扛起來就扛；扛不起來就放下。如果你有很多煩惱，到香光山的竹林走走，讓煩惱飄走！為什麼一直要扛著，受這些苦呢？

「**我既都無，其如幻耳。**」走出竹林，不再焦慮，但是，生活中要做什麼呢？弘傳佛法，不可能只靠一個人，要有許多優秀的出家人及很多的護法居士。世間是無我的，大石需要小石子撐；小石子也要更多小石子撐。真正的放下，才能真正的提起！

第二十一章

名聲喪本：名聲的背後

佛言：人隨情欲，求於聲名；聲名顯著，身已故矣！貪世常名，而不學道，枉功勞形。譬如燒香，雖人聞香，香之燼矣！危身之火，而在其後！

「**聲名顯著，身已故矣。**」「故」並不是死掉，是老了。人若有一點名聲，常常都在中年以後。半生勞碌，來日無多，愈想愈不划算。為什麼會這樣呢？就是經文首句說的「**人隨情欲，求於聲名。**」人在世間，闖出一些名號，受到稱譽，也要有點兒本事。憑本事奮鬥、努力去爭取，有時就是為爭一口氣；為祖上爭光……為了心裡某種的欲求。

「**貪世常名，而不學道，枉功勞形。**」在名聲顯赫、光榮輝耀之際，能急流勇退不戀棧者，很少。古代君王登了帝位，總希望千秋萬世；一般人也希望聲名顯赫，長長久久。但名聲是「人怕出名，豬怕肥。」總有人因名聲太大而被砍殺的——也不用想得這麼悲觀，如果認真學道，就不用怕「樹大招風」。

重點在學道，經過許多辛苦才建立的名聲，可善用這名聲，幫助自己學道。像長庚企業的創辦人王永慶先生，企業之外，也辦醫院、大學，將「道」留在世間，這樣就不會「**枉功勞形**」。「枉功」就是冤枉，虛度的意思。

經文後段用燒香作譬喻。「**雖人聞香**」，當別人都聽聞到你的好名聲時，香味是聞到了，已是「**香之燼矣**」。「燼」，燃燒過後剩下的灰燼。香燒過了，這時的位階是香燼。

關於香，它也是一個物質。香飄散後，無論飄多遠，空氣裡都有顆粒，最後連顆粒也煙消散去。香，只留下餘燼而已。名聲也是如此，俗話說：「人死留名，虎死留皮。」虎皮漂亮，成為虎的死因；名聲太大，也會變成自己的禍患。就如經文說的「**危身之火，而在其後**」，也像章題所說的「名聲喪本」。

雁飛過長空，留下聲音。但是，長空中的聲音一飄即逝。每個朝代的輝煌人物，都是事過境遷，在歷史的長河中被遺忘。追求顯赫留名，不如紮實學道，思考如何能真正造福世間。我最懷念我的小學老師，他的功績名聲不像李國鼎、趙耀東的顯赫，但

他幫我奠下學習的基礎，教我做人做事的道理，雖然沒有大名鼎鼎，卻是香留人間的代表人物。

學佛的人不爭虛名。但在世間「名不正，言不順；言不順，事不成。」以「名」承辦責任與使命，善盡世間的善法，加上傳承後繼有人，正向的能量就生生不息。

從解脫道來看假名，有名而不被名綁住，只有奉獻、服務，沒有喪本。本在哪裡？就是「三輪體空」，布施是三輪體空；持戒是三輪體空；假名是緣起無我，是世間安立、權巧施設。善知本末究竟，即是修道！

第二十二章

財色招苦：財色如刀上蜜

佛言：財色於人，人之不捨。譬如刀刃有蜜，不足一餐之美；小兒舐之，則有割舌之患。

章題：「財色招苦」。從「譬如刀刃有蜜，足一餐之美；小兒舐之，則有割舌之患」，說明財色與苦之間的關係。「舐」是以舌嚐味。蜂蜜雖美味，放在刀口上，分量很少，還不足一餐的量，去舔，舌頭會有割傷的危險。

「**財色於人，人之不捨**」中的「財色」，正是指刀口上的蜂蜜。人看到美味，就忘了身在何處，忘了美味是放在刀口上。「不捨」，很難放下。財是中性的，取拿了不應取拿的財，才導致危機；而色也是中性的，色不迷人人自迷，中了「性」招待，非分的財色，當然招苦。如果公事公辦，於財色不為所動，苦何有哉？

世間毀人，莫過於貪財和男女淫欲。這會讓人很難翻身。做人做事，該領的薪水，該記的帳，全都弄清楚。善盡自己的責任與本分，至少會讓人尊敬。

出家僧人加入僧團或任何團體，常住的財物也要清楚記帳。帳目上少一塊錢，一定

要去追查。三寶物屬十方僧人，弄不清楚，欠十方僧伽，何時可還？僧人出家之後，盤腿念佛用功之外，愛護常住、護持三寶，是僧人本務，智慧也得以增長。

佛法在世間，有佛法的知見及解脫，當下就是清清楚楚。自我干擾減少，做事情會加快速度，增加效率。因為你方向清楚，公事公辦，不受境界干擾，效率當然增加。學佛對於處理世間事物，確實有很大助益。

第二十三章

妻子甚獄：給相愛的對方一點空間

佛言：人繫於妻子舍宅，甚於牢獄。牢獄有散釋之期；妻子無遠離之念。情愛於色，豈憚驅馳？雖有虎口之患，心存甘伏；投泥自溺，故曰凡夫。透得此門，出塵羅漢。

章題：「妻子甚獄」。「獄」這個字很有意思，左右各一個犬字，中間一個言字。望文會意，就是兩隻狗互相吠來吠去，叫「獄」。為什麼「妻子甚於牢獄」呢？在同一個屋簷下，夫妻天天吵鬧，這是比牢獄還更堅固的地方。

這裡只提妻子，似乎是對男士說的；但丈夫對女子而言，也同樣甚於牢獄。雙方中間有個「言」字，互相指責、互相抱怨，誰都不讓誰，活像在悲慘的地獄；有的傾訴愛意，對方沒有傾聽，也是冰凍、孤獨的牢獄。

俗語說：「夫妻床頭吵床尾和。」三天兩頭吵架，門關起來在房間裡面吵，吵不出個所以然。吵架成了夫妻相處的模式，有的竟也甘之如飴。

我出家後，住高雄興隆寺。有一天家裡來電話說爸爸得了高血壓，我搭火車上台北看他。看來似乎還好，我就南返。在回程途中，家裡就通知我：「爸爸已經不行了。」我說：「怎麼可能！我早上還跟他講再見呢！」還沒踏入佛寺，爸爸已經走了！

我回家去辦法事，看媽媽悶悶不樂，就安慰媽媽：「你跟爸很會吵架，爸爸走了，你不是解脫了嗎？」一段時間以後，媽媽心平氣和地說：「你沒有結婚，不知道夫妻不是只有在房間裡，而是日常生活中的點點滴滴。你們很孝順，也很貼心，我眼睛一眨，你們就知道我需要什麼，很快都幫我辦好。但我實在不快樂！嫁人，就是天天有人陪你吵架，你爸爸過世以後，都沒有人跟我鬥嘴！」媽媽很懷念從前的日子。她還說了一段往事：「我煮菜時，你們都不敢批評；你爸爸挑東挑西，我就知道他要吃什麼，『煮食』就會改善！」

這些是母親跟我說的。我不曉得夫妻的生活是不是都這樣，一直吵架、拌嘴，不知道在吵些什麼，就連溫柔一點說話都很困難。「甚獄」，比在監獄還不好過，旁人都看不下去了，當事人卻自有一套存活的道理。我知道母親的料理一直在精益求精，也

只有她知道父親要吃什麼。

爸媽在家裡拌嘴，做兒女的看到了，只要雙方說話不是太兇狠，就不用理它，隨他們拌嘴；若是看到兒子媳婦在拌嘴，當長輩的也不需插嘴，讓他們兩個打情罵俏。不論怎麼吵，「離婚」這個詞，千萬不要說出來。

「書中自有黃金屋，書中自有顏如玉。」顏如玉指的是美貌佳人，相當經文中的「妻子」；黃金屋就是豐富的財物，相當經文中的「宅舍」。心思繫在妻子、丈夫，或舍宅、錢財等等，所受的禁錮比牢獄還堅固。牢獄還有釋放之期；「**妻子無遠離之念**」，何時才能遠離這種繫念呢？

「**情愛於色，豈憚驅馳？**」欲界眾生為了情愛，為了所愛的先生、妻子、家庭、錢財、宮殿、房舍等，無限投入與付出，無論多麼辛勞奔波，都不會推辭或逃避。這情況，經文以兩個譬喻形容：「**雖有虎口之患，心存甘伏；投泥自溺，故曰凡夫。**」好像在虎口下生存，隨時有被吞噬的危險，而眾生甘之如飴；又好像自願投到泥沼裡，愈陷愈深，這就叫做「凡夫」。

「**透得此門，出塵羅漢。**」能夠看得透徹並超越這些繫念，就是個出塵的阿羅漢。這是用聲聞阿羅漢的角度來看待世間凡情。佛法的修學，有時從無常道、出塵羅漢道，也就是「出離」的法門，來引導眾生遠離煩惱。

在世間，即使恩愛的夫妻也常常會患得患失，陷入「求不得」中，例如：希望對方溫柔一點、體貼一點等等，有時相互指責、要求，在恩恩怨怨裡過一生。

從聲聞道的角度來看，「**投泥自溺**」，不如參透繫縛、拉開距離，給對方一點空間。這是修道——兩性交往，宜參透的菩薩道。這一章裡有很多修法的層次，更要細心體會。

第二十四章

色欲障道：色欲要自我管理

佛言：愛欲莫甚於色！色之為欲，其大無外，賴有一矣。若使二同，普天之人，無能為道者矣！

「**愛欲莫甚於色！**」使一個人生起愛欲，莫過於「色」誘——男女兩性的色欲誘惑。所謂「英雄難過美人關」，美色在前，不被迷惑也難！

「**色之為欲，其大無外**」，任何人對「色」生起愛欲，就被網住了。世界之大，眼光所及，心之所念，隨色欲牽動，已顧及不到其他。

「**賴有一矣。若使二同，普天之人，無能為道者矣！**」「賴」是好在的意思。欲界眾生的性欲是與生俱來，好在只有一種。如果有兩種以上，普天下的人都沒辦法修道了！

財、色、名、食、睡，稱為「五欲」。五欲之中，最容易自我節制的，反而是色欲。貪財，可能聚斂無盡；睡覺、飲食、名位也都是欲，但這些欲和色欲的等級不同。色欲雖然會障道，人之異於禽獸，是因為人會分辨場所、時間、狀況等，可以自我管理色欲，色欲的等級和其他的欲不一樣。

第二十五章

欲火燒身：不當的色欲會傷害自己

佛言：愛欲之人，猶如執炬，逆風而行，必有燒手之患。

章題：「欲火燒身」。其中的「欲火」指的是經文所說的「逆風」的欲火。「逆風」是譬喻，指違背常理、不符合社會規範、節度。這是教人要合乎禮節，「禮」就是「理」。

為了滿足自己的愛欲，違背常理，「**猶如執炬，逆風而行**」，就像手拿火把逆著風而行；「必有燒手之患」，一定會燒到身體或者手。

《金瓶梅》中的西門慶，只要看上哪一個女生，就想方設法把她弄上床，不論是已婚或未婚。西門慶有權、有勢，為了達到目的，用錢或官位來收買，若對方不肯服從，就使計謀把他發派邊疆，甚至弄死。西門慶為了得到武大郎的妻子潘金蓮，毒死武大郎。但是故事的最後，西門慶也沒有好下場。這叫做「**逆風而行，必有燒手之患。**」我們要照著社會的價值、禮節來處理欲望，不要以為有錢有勢就可以為所欲為。

有錢有勢，更要節制；否則戕害的，是自己的身體。

有位居士將台灣的工廠交給太太關照，隻身到大陸去設廠。在那裡又娶了一個，讓二奶看著工廠，還打算往更內陸的地方去設廠。我問他：「你是在做什麼？」他直接回答：「我還能！」我說：「一個家庭已經夠累了，你怎麼可以這麼多？」

上述這些在說節制欲望，都還只是在人天道，是世間的常理；都還未談到出世間的解脫道。

第二十六章

天魔嬈佛：何來「女神」？

天神獻玉女於佛，欲壞佛意。佛言：「革囊眾穢，爾來何為？去，吾不用！」天神愈敬，因問道意；佛為解說，即得須陀洹果。

在佛陀成道之前，魔王為了阻止佛陀成道，就用種種方法擾亂佛陀。第一招用武力威嚇，佛陀不為所動；於是，第二招以美女誘惑，「**天神獻玉女於佛，欲壞佛意**」，天神送美女給佛陀，想破壞佛陀的道心。

《維摩詰經》的〈菩薩品〉也有相同的橋段⑬。魔王為了擾亂維摩詰居士修行，就派遣魔宮的美女來供養他。維摩詰道行高深，不被美色誘惑，還對她們說法，使魔女們發起大乘菩提心。維摩詰又教導她們「無盡燈」法門，說如一燈燃百千燈，要魔女們將佛法帶入魔宮，將黑暗的魔宮變成光明的地方。

「**佛言：革囊眾穢**」，「革囊」就是皮革，皮膚包裹著身體，所有的骨骼、肌肉、五臟六腑都包覆在其中，所以，就稱這身體為「革囊」或「皮囊」。

身體，好在有這層皮，外表看起來白白胖胖，穿起衣服來，似乎婀娜多姿。其實在這副革囊裡，有膿、有血，有大便、小便，九孔常流不淨之物，很恐怖的呢！所以，佛陀說：「**革囊眾穢。**」

有一位比丘，在家時有一位要好的漂亮女友。出家前，有一天兩人約會，他突然發現女友的頭髮好像鳥窩，眼睛裡都是眼屎。他心想：女友現在很漂亮，老了以後呢？到時候我還愛她嗎？後來他就出家了。

夫妻之間，到老年的時候，不再被外表的美貌吸引，一定要將愛轉化成責任，相互扶持。剛結婚時，二、三十歲，太太料理家務，先生上班。先生老了，要退休了；太太料理家務，要不要退休？還真的說不清楚！兩人年紀都大了，工作怎麼分配，就看彼此的擔待與責任，相互護持。有時候摸摸對方的白頭髮，要慶幸還能「白頭偕老」。

編者注

⓭ 見《維摩詰所說經》〈菩薩品第四〉，大正藏第14冊，頁543。

在這世間的人，都是「**革囊眾穢**」，這叫不淨觀。走上解脫道，一定要修不淨觀。哪裡不淨呢？

佛說有**五種不淨**⑭：種子不淨、住處不淨、自性不淨、自相不淨、究竟不淨。

「種子不淨」：或說「來處不淨」。我們是看到父母交媾來投胎的，身體由父精母血結合而成。

「住處不淨」：在媽媽肚子裡，窩在膿血中，迷迷糊糊。修學佛法，最好在這輩子成辦，不然「隔陰之迷」，前輩子修學的智慧，全都忘得精光。

「自相不淨」：出了娘胎以後，大便、小便，吐痰、涕唾、毛孔常出汗臭，這是「自相不淨」。每天洗澡，把身體洗滌乾淨，就算一直噴香水，轉個身還是臭的。

「自性不淨」：再說吃香喝辣，集所有的「香」（美食）往嘴裡送，前後五分鐘進出，氣味就不一樣了。本質上不清淨，這是「自性不淨」。

「究竟不淨」：年邁體衰，頭髮乾枯，面皺皮膚鬆弛。死後，身體還會出現屍斑；流出血水；腐爛長蛆；變成骷髏。

我們修「不淨觀」，觀「革囊眾穢」有很多層次。

雖說「革囊眾穢」，還是要珍惜現在所擁有的身心。能夠說話，可以修行，就多些時間用功，做善事、幫助別人；不要花太多時間擦粉、打扮。這個色身只要乾淨就好。哪一天我們走了，還要麻煩別人處理這個身體。有人說：「我才不要麻煩人家！」我就開玩笑說：「如果你知道何時走，你先坐在燒金紙的金爐裡，就不會麻煩別人！」即使如此，燒化以後，還是需要別人撿骨，仍要麻煩別人！

生病時，麻煩別人；去世後，也要麻煩別人。所以，要趁身體可以用時，幫助別人，珍惜難得的人身，多親近善知識，聽聞佛法。以我來說，這輩子能夠出家，有法師度我，我相當珍惜；能夠跟你們結緣，你們歡喜，我也很歡喜。我當然希望下輩子再來人間，但不知那個時候的因緣，能不能像現在這麼好，大學畢業，又有好的因緣可以學佛、弘法。

編者注

⑭ 五種不淨見《大智度論》，大正藏第25冊，頁198。

身體是眾緣和合，就像車子也是各種零件組合，需要適時維修。儘管不好用，這裡痛那裡痛，常常要去醫院排隊、送修，修好了，還可以用。甚至像碗破了一個洞，古諺云「破瓷耐碰」，也不暴殄天物，廢物利用。色身是修行、奉獻的工具。

「**革囊眾穢**」，這一輩子若是好好的用，珍惜的用，還可以用很久，可以讓自己有時間用功修行。人身難得，來到世間就是要修行、念經。念什麼經？生命的這本經。讓身心自在，為自己積一點功德。不然來這一遭，卻空手而去，可惜！真的太可惜！

佛陀接著又說：「**爾來何為？去，吾不用！**」「天神」意在擾亂，天神就是天魔，玉女就是魔女，經題用「魔」字，是直接點出。佛陀說我不用，「**天神愈敬，因問道意；佛為解說，即得須陀洹果。**」天神轉而向佛陀請法，佛陀為他們說了《金光明經·空品》，說身體是四大所成，空虛不實，會老衰，會生老病死。天神聽了，更加尊敬佛陀，又問修道方法。佛陀為他們解說之後，天神就證得「須陀洹果」——意在擾亂佛的魔性，也就轉了！

兩性關係的三個向度

從第二十三章到二十六章，說的都是聲聞道，教修出離心，放下愛欲。聲聞道是佛法五乘之一：人乘、天乘、聲聞乘、緣覺乘、菩薩乘。五乘可歸納為三乘或三道：人乘、天乘合為人天道；聲聞乘、緣覺乘合為聲聞道；以及菩薩道等三種。這是三種不同的修學向度。

講兩性關係，可用三種不同的向度來說：

人天乘，說增上法，談兩性如何互動，不要只黏著在「欲」上，要自我提升。聲聞乘，講無常、苦、空，遠離世間愛欲。菩薩乘，教授無盡燈法門，將學到的佛法，從自己身上再擴散，或回到原來的地方去當弘法使者，智慧就這樣擴散，這叫「菩薩道」。

人天道

眾生根基不同，佛陀是應機說法。以人天乘來說，經典也有很多的典故。

例如佛陀的弟子有國王、大臣、屠夫、挑糞人等很多護法。有人問佛陀如何管理世

間財物。佛陀就教他量入為出，把財產分作四分，基本生活所需及孝養父母、投資事業、積蓄、布施。

有一位國王想出兵攻打另一國，發兵前先去見佛陀，問出兵有多少勝算。佛陀就教他如何觀察「敵情」：該國百姓有事情時，大家是否聚會討論？如果是的話，表示他們民心團結。如果全民上下一心，攻打他們有可能贏嗎？這是經典裡有名的「七不衰法」。

有一部《佛說善生經》，是佛陀對善生講的一部經典，又稱為《六方禮經》。六方指東方、南方、西方、北方、下方、上方。東方代表父子關係；南方為師生；西方為夫妻；北方為兄弟朋友；下方為主僕；上方為聖俗。這六方指的是人際間的倫理，維繫人倫的紐帶。

佛陀教導善生，在夫妻之間，做先生的要「**以五事愛敬供給妻子。**」哪五事？第一要「**憐念妻子**」，憐惜她、疼愛她。第二、「**不輕慢**」。第三、「**為作瓔珞嚴具**」。第四、「**於家中得自在**」。第五、「**念妻親親**」。

說到瓔珞嚴具，太太比較愛漂亮，先生要買漂亮的衣服給她，有化妝品及配件，這些是給先生做面子！做媽媽、婆婆的，要買「衣物」給妳的媳婦，比疼女兒更疼媳婦。媳婦儀態端莊、漂亮，是給你們家做面子。我看一位老人家穿得很漂亮，她說：「這是我兒子買的；這是我媳婦買的；這是我女兒買的！」她心裡樂乎乎的。體貼配偶及父母，他們最能感受到。

有的以瓔珞裝嚴外表，有的是用學經歷衡量身價。

有位居士的女兒，研究所畢業後，進入銀行工作。女兒愛上男友，是五專學歷。爸爸認為男方學歷差，女兒卻一心要嫁他。於是我說：「女婿是半子，你把女婿當兒子栽培，結婚後，讓他去讀研究所！台灣的高等教育這麼開放，還怕沒有進修的機會！」他聽了，鼓掌叫好：「我怎麼沒有想到這一層？」

我說：「你女兒要嫁，又不是你要嫁！為什麼要用學歷衡量人的前途呢？」請不要誤會師父幫人作媒。我只是覺得：如果學歷成為障礙，就栽培對方！這是看你處理問題的角度和方式。

「**於家中得自在**」，讓妻子在家中可以自在理家，就是全權的委託，但不是把所有工作都讓她做。

「**念妻親親**」，善待妻子娘家的親戚及朋友，把他們也納進來。娶一個妻子，是與她的家族聯姻。兩姓聯姻，這是中華、印度共通的文化。

佛陀在《善生經》教導先生對待妻子的五種方式。同樣的，妻子對待先生，《善生經》也提出五項要點。這裡不多說。

有一部《玉耶女經》，是佛陀對玉耶女講的一部經典。玉耶女是給孤獨長者的媳婦，是位富家千金，嫁來長者家之後，自恃很高，不屑做家務事。公婆拿她沒辦法，就請佛陀來教化媳婦。佛陀就對玉耶女講「善婦」之道。

《佛說善生經》、《玉耶女經》是從世間來看兩性的關係。

聲聞道

如果從聲聞道來說，就是觀不淨、無常、苦。怎麼觀呢？觀恩愛不久長；觀情感會

變化。一個家庭之所以和諧，都是需要努力的！兩性要達到平衡、和諧，平時要彼此忍讓、接納，相互提升、增上、超越，這樣一加一，才會大於二。若是相互苛責，一加一小於一，就可惜了！

有位居士的侄兒結婚沒多久，就和新娘吵到離婚。侄兒後來陷入憂鬱症，他請新娘子回來，人家再不願意了。夫妻緣分多麼難得！《別再為小事抓狂》的作者理察・卡爾森說：「不要等不幸發生了，才懂得感恩。」生命裡有很多無常、變化，積極將生命中的無常當作提醒，警惕自己時時感恩所擁有的。

菩薩道

從菩薩道來說，講的是眾生的同體大悲。世間有男有女，生生不已，人類才綿延不息。二〇一二年是龍年，台灣人喜歡生龍子龍女，生育率大增。但大家都要生男不生女。社會上男多女少，將來娶不到本國的女孩，就要娶外籍新娘了。有些國家不許異

族通婚，在臺灣外來的種族多，語言也多。各種族之間要維持和諧，要廣行菩薩道，群族融合，相互尊重。

就如維摩詰居士教導魔女大乘佛法，又勸她們回到原來的地方，將佛法帶回那裡。這樣增上利用，良善的循環就擴展到其他國度。回頭觀看我們自身，或許身旁也有很多「魔女」，似乎障礙我們修道。若是不同的思想觀念，那麼，要將自己所學，以開放的知見、人生觀、價值觀彼此互補增上、開展。世間是這樣進步的！

「欲」如何輾轉增上

第二十三章到第二十六章，這四章都在講色欲，教導如何從「欲」中「轉」出來。只轉出一個聲聞道嗎？只教我們體認無常，趕快切斷欲嗎？不是。

人是「欲」做的。像第二十六章「天魔嬈佛」，講色欲擾亂修行，其實也講天神的「欲」。天神見色欲干擾不了佛陀，反而請問佛陀如何修道。在這裡，各位應注意到

天神將「欲惡法」轉成了「欲善法」。

「欲」是一種生命的動能。惡欲、善欲、增上欲都是欲。這四章的潛在教學，是從「愛欲」的這股生命動能如何輾轉向上，依層次來說：

由於一念的「愛欲」，男女結為夫妻、生養小孩。從人天道來說，夫妻之間的倫理，要相互疼惜，夫唱婦隨，還要將關心擴及到雙方的親友和事業。夫妻和諧，互相感染，相處久了，氣質也會相似。

如果夫妻兩人的氣質都不好，是兩個都不用功。要相互砥礪再用功、再提升。在人的層次，就下決心離開惡道，保持人身，修習人天福報，這叫「增上」。

有一句成語「欲壑難填」，這是惡法欲。遠離三惡道要減損「惡法欲」，對色欲的欲望要有所節制。看到美美的小姐不動非分之想；看到年紀比我大的女子，視如姐如母；看到男子，觀想如兄如父；年紀比我小，如弟如子。我們生生世世都在輪迴，某一世不是為人父母，就是為人子女，皆有恩於我。

其次，從聲聞道修「觀」。觀什麼呢？觀人會老化，「情」和「欲」會變化。體驗

無常、苦、空的真理，不必等到死後，才覺得不淨、無常。平常就觀恩愛不久長；或觀身不淨。這樣，熾熱的愛戀會淡化，關注的層面也會提昇，就能讀懂經文所言：「**色之為欲，其大無外。**」突破愛欲的視野，見到的天地更是遼闊！

有一句話說：「你的心胸有多大，你的視野就有多大。」此生的真正目的為何？不只是恩恩怨怨的糾纏，「看破即是放下」！

從菩薩道來說，「增上」就是點燃「無盡燈」。開拓了的視野，看到他人的需要；或從自己的責任，運用智慧，點醒世人認識真理，這是點燈，叫「無盡燈」。

深刻體會人與人的互動與紐帶關係，便能如此輾轉增上，是多麼美好的一件事。

人性的增上，就從「欲」轉出來。「善法欲」，希望增上智慧、增上福報、增上利樂人間。古人說：「書中自有黃金屋，書中自有顏如玉。」以欲望引導學子讀書，這個「欲」對世間是有幫助的。《維摩詰經》說：「**先以欲鉤牽，後令入佛智。**」菩薩引導眾生也是從欲念出發。有人愛好法義，有人歡喜拜佛、誦經，這也是一種「欲」，就從他喜歡的去引導到增上戒學、增上定學、增上慧學。

佛陀證道以後，在菩提樹下坐了二十一天，思惟抉擇：「我證悟的緣起，道理很深，聽得懂的人很少，我是否直接進入涅槃呢？」後來佛陀決定不入涅槃，而是走向人間。從菩提伽耶走到鹿野苑轉法輪，再到恆河兩岸，整整四十五年，佛陀以行腳、托缽、弘法而覺悟世間。這是佛陀的偉大！從這一點體會到：真正的「愛」，是以慈悲和智慧，力行對世間的淨化和提升。

「欲」，不一定全都是壞的，要把福分跟世人分享，不要只停留在自己身上！來到這個世間，得此人身，不辜負父母所生；不辜負社會栽培；不辜負佛恩；不忘此生來的目的。如此將生命的動能轉化成世間的福分，會覺得有很多事情做不完，日子也過得充實有趣！

第二十七章

無著得道：通過障礙的心法

佛言：夫為道者，猶木在水，尋流而行，不觸兩岸；不為人取；不為鬼神所遮；不為洄流所住；亦不腐敗，吾保此木決定入海！學道之人，不為情欲所惑；不為眾邪所嬈；精進無為，吾保此人必得道矣！

章題：「無著得道」。「無著」，沒有任何依附。修道如果能夠保持覺知，不依附任何事物，就能證得道果。本章以「漂流木入海」比喻修道如何能順利得道。**這個典故出自《增壹阿含經》**⑮。

「**夫為道者，猶木在水，尋流而行。**」佛陀與眾弟子們從摩揭陀國向北行，來到江邊，佛陀看到江水中有大木材，順著水流漂行。就在水邊的一棵樹下坐下來，跟比丘們說法。

「**不觸兩岸**」，在水中的木頭，順著水流，有時湍急；有時和緩；有時停滯，但是不要碰到兩岸，碰到兩岸就會被卡住，無法前進。「兩岸」，喻指世間。道力淺者，

難免帶著凡心、世俗心，貪看兩岸風光。

修道是一個歷程，如果耽溺在世間的五欲享樂，此時要覺知：怎麼一直都在忙這些事呢？或忙於應酬、婚喪喜慶。有時為了周全人情，讓自己陷入法理邊緣，沒有時間薰習善法。覺知到這情況，趕快清理、反省：人生所為何來？

「**不為人取**」，「為人取」，指渴望成為國王、大臣、宰官，也就是指對權勢、名位的嚮往。有道是「身在公門好修行」，為公、為民，可以實現一己的理想；然而一旦進入權勢名位的爭取、佔有，難免利欲熏心、無心修道。

另一種「為人取」是指被所愛的人捕捉。有一位已婚的居士幫朋友的忙，朋友感謝他，常常請他吃飯。他也回請朋友。一攤吃完又續第二攤，兩人互相敬酒，最後喝得酩酊大醉，請小姐幫忙開車回家。結果，小姐成了女朋友，女朋友懷孕了。他說他要離婚，娶那個女朋友。

編者注

⑮《增壹阿含經》卷38，大正藏第2冊，125經，頁758～759。

我反問他：「你要我說什麼呢？要我說：你要走就去吧，有人伺候你，趕快走吧！」居士說：「師父，你怎麼可以這樣講話呢？」這位居士其實很無奈。這就是「為人所取」，人在江湖，身不由己了。

「**為鬼神所遮**」，為鬼神所蒙蔽。鬼神的神祕力量是令人迷惑的，有些人渴望與鬼神相通，甚至期許自己成為天仙、梵天。這是認為鬼神有超能力，也期待自己有超能力。在台灣也有一些相似道，教人看過去、未來。這就被鬼神所遮。

有一句話說「鬼迷心竅」，知見被障蔽了，看不見真實的情況。像「擇善固執」本來是好事，一旦擇善成了固執，有聖者的驕傲，希望對方順從自己；如果對方不順己意，很容易跟對方翻臉。「善意」變成壓迫，就一點都不妙了。

「**不為洄流所住**」，「洄流」，就是漩渦。河水打漩渦的地方，木頭會被吸住打漩，不能向前。「洄流」喻指邪疑，對於佛陀所說的真理產生懷疑、不信；或者對戒律不堅持；對自己的用功失去信心。所謂不信佛、法、僧、戒。信心喪失，就會躊躇不前，在原地打轉。

禪修時也很容易在原地打漩，尤其禪修沒有進步的時候。怎麼辦呢？可以修「四護衛禪」：佛隨念（念佛觀）、慈心禪、不淨觀、念死無常。藉著四種方便法門策勵自己。也可以持〈大悲咒〉、〈楞嚴咒〉，心安定後，再回到禪修的所緣。有時處理世間的事情，也容易陷在漩渦中，找不到出路。這時先放下事情，讓自己靜下心；或是到寺裡找法師講一講，也許，心就開解了。

修道是一個不間斷的用功過程。修道的人，內心一定要有一種堅持。面對修道過程的各種變化、挑戰，要把握大原則。方向明確，才不會遇到些微考驗，就喪失信心。若發現道心在原地打轉、停滯不前，當下能夠警覺，正是策勵自己再向前的最好因緣。

「**不腐敗**」，「腐敗」，指邪見、邪語、邪業、邪命、邪方便、邪念、邪定。包含兩種煩惱：見解不正確、有些偏差，稱為「見煩惱」；貪瞋痴煩惱，也會產生行為的偏差，稱為「思煩惱」，如邪語、邪業、邪念、邪定……等等。見煩惱與思煩惱，腐蝕我們的心靈，不能增上，反而使我們墮落。

漂流木一旦腐敗了，可能在中途就沈沒到水裡，無法到達大海。「見煩惱」靠理性

思惟容易斷除，只要明確認識因果、緣起法則。這些是自己可以檢視的。「思煩惱」被貪瞋痴所控制，身心濁重、不輕安、不高興、不痛快，這就耽溺在情感的泥沼，容易沈沒；即使心情愉悅，如果是來自物質享受，也是耽溺。這些都偏離修道之路。

修道是一種自覺，發現自己陷溺在「貪愛」之中，趕快跳出來就好。不需要咒罵自己，責備是沒有用的。

學道就像水中的木頭一樣，順著水的流勢，不貪著世間享樂；不被習氣拉著走；不被鬼神遮蔽；也不讓執著、驕慢成為障道的漩渦；不泡在水中過久，成為腐朽的木頭。這樣，時時保持清醒警覺的心，順著水流而下，就如經文所說：「吾保此木決定入海！」佛陀保證這塊木頭，一定可以順著水流流到大海。「海」，譬喻佛陀的智慧、慈悲、願力，像大海一般寬廣。佛陀的大願承載所有眾生，修行者能這樣「無著」，一定可以進入佛法的大海。

「**不為情欲所惑；不為眾邪所嬈；精進無為。**」這是對上面所說的概括。「無為」是不一定非怎麼樣不可。不被情欲所惑；也不被邪魔外道那些似是而非的話所擾亂；

而能精進無為，佛陀保證這個人，一定可以得道。

得道的核心在「無著」，沒有依附任何事物；縱使做善事也不居功，不使它成為發展智慧的障礙。

第二十八章

意馬莫縱：不要相信自己

佛言：慎勿信汝意；汝意不可信。慎勿與色會；色會即禍生。得阿羅漢已，乃可信汝意。

章題：「意馬莫縱」。其中的「意」是指第六意識，也就是一般所說的意念。「意馬」，就是成語「心猿意馬」，形容凡夫的心像猿猴或馬兒，跳躍騰躑，片刻也無法安住。對於自己的意念，不可以放縱；放縱心意，常常令自己後悔難過。

為什麼只說「意念」莫縱，而不說身口莫縱呢？因為身口的造作，是由心意在指揮、發令，所以要隨時管理自己的心意，不要放縱它，「意馬莫縱」！

「**慎勿信汝意；汝意不可信。**」謹慎看住我們的心，不要太相信自己的意念；意念是不可信的。為什麼意念不可信呢？因為意念沒有自主性，隨著看到、聽到、接觸到的，很快就跟著轉變。像我們去逛街，本來沒有要買什麼，結果這也買一些，那也買一些。意念就是這樣換來換去，非常隨意。

眼睛看東西，不會留下記憶；耳朵聽過，也不會留下記憶。看到一個人叫得出他的

名字，是以前看到他時，眼識與意識合作，在心識裡落下印記；再次看到他時，意識就從心識的記憶版中去搜尋那個印記。如果不曾留下印記，你就記不起那個人是誰。眼識，只要一張衛生紙的厚度，就遮住了。

「**慎勿與色會；色會即禍生。**」心意是如此輕動、不堅實，凡夫的煩惱還沒斷除，常常看到什麼，就動了很多念頭，面臨的考驗不斷。遇到男女情色，當下感到悸動、感動，如果沒有三思，就不顧身命投擲進去，最後，後悔的是自己。

「**得阿羅漢已，乃可信汝意。**」直到證得阿羅漢果，才可以放心下來。

古印度聖典《奧義書》說：「**人依欲而成，因欲而有意向；因意向而有業，因業而有果。**」我們會想要這個；想要那個，欲望不是固定的。受不同的意欲指使，眼耳鼻舌身，就隨著不同的情境流動。有些人睡覺時，眼睛還是睜開的，但意識沒有關注，就不會有心識活動。

有一對夫婦常帶兒子來香光寺。孩子還小時，我問：「你長大要做什麼？」他說：「我要開垃圾車。」我問：「為什麼？」媽媽代他回答：「垃圾車來時，家家戶戶都

衝出來，有人還追著垃圾車跑。小朋友覺得這樣很偉大。」

過了幾年，小朋友的志向改了，他要當交通警察。他覺得站在馬路中間，嘴裡咬一隻哨子，雙手比來比去，來來往往的車子就隨他指揮，是很神勇的一件事。

又過了好些年，小朋友上大學了，成為清華大學的學生。問他：「讀什麼科系呢？」「運動系。」我問：「清大有這個科系嗎？」原來他是因為清大有棒球隊才選擇清大，他考上的是財經系。

隨著年歲增長，所接觸的世界不同，志向也在改變。生命的藍圖一直在變化。問自己想做什麼樣的人，心中的圖案，會隨著時間拉長、心智成熟而不斷調整。無論是朝向什麼過程，就是不可以放縱自己，要隨時管理自己的意識心。

第二十九章

正觀敵色：你是我的姐妹

佛言：慎勿視女色；亦莫共言語。若與語者，正心思念：我為沙門，處於濁世，當如蓮華，不為泥污。想其老者如母；長者如姊；少者如妹；稚者如子，生度脫心，息滅惡念。

章題：「正觀敵色」。「正觀」，正確的看。「敵色」，指相對的色相，從男性看是指女色；從女性看是指男色。

「**慎勿視女色**」，包含男女雙方。「**亦莫共言語**」，也不要跟她們說話。這大概是對沙門比丘說的。除非住在深山，比丘不跟女眾說話，是不太可能做得到。因此，「**若與語者，正心思念**」，如果跟她們說話要正心思惟。怎麼正心思惟呢？要這樣想：「**我為沙門，處於濁世，當如蓮華，不為泥污。**」我發願做沙門，做一個修道人，處在這樣的五濁惡世，修道是我追尋的人生方向，應勤修戒定慧、息滅貪瞋痴，這才是人生最大的樂趣。

「**當如蓮華**」，應當像蓮花出污泥而不染。猶如污泥，五濁惡世反而是蓮花生長的必要養分，但不應為污泥所污。

「**想其老者如母……**」呼應上文的「**慎勿視女色，亦莫共言語**」。古代有句話：「女人禍水。」然而母親、妻子、姊姊、女兒都是女的，她們是禍水嗎？我們不能因為一個人不好，就一竿子打翻一船人。

對於女色，還有一種說法：「色不迷人，人自迷。」被迷是自己的問題，不是女色有問題。自己要自持。看待女色，要如佛陀所教授：「**想其老者如母；長者如姊；少者如妹；稚者如子。**」看到比我們年長的女性，就像媽媽、姐姐；年少的就像妹妹；年幼的就像女兒一樣去疼惜。

「**生度脫心，息滅惡念。**」生起扶持他人、幫助他人的心，而不是用逃避的方式，是用正觀，建立正確觀念，來看待異性，和諧相處，息滅自己的惡念。

歷史有這麼一段記載，漢朝長安城的某個官員受到皇帝器重而招人嫉妒，有人就密告皇帝說：「這個人不適合當官，他每天都幫太太畫眉毛。」皇上認為畫眉毛干卿底

事，把國事辦好就好了。這人運氣好，若是皇帝不高興要殺頭，君要臣死，臣不得不死。古代丈夫死，太太要陪葬。現在聽這些很荒謬，這裡要說的，就是要遠離女色。

對修道的人來說，「**慎勿視女色**」，並不是在說趕快離婚，再找第二號。現代的社會將離婚看得很平常，但是夫妻之間要相互疼惜。年輕時是夫妻；年紀大了是同修，共修共學。夫妻間不只是床笫的事，還是事業的輔佐、傳宗接代與攜手相行的人。這和過去的兩性關係已經不一樣了。

第三十章
欲火遠離：剛開始就要注意

佛言：夫為道者，如被乾草，火來須避。道人見欲，必當遠之。

章題：「欲火遠離」。勸人要遠離欲火。什麼是「欲火」？色欲、情欲或物欲等各種欲望之火。為什麼要遠離欲火呢？經文形容：修道之人好像身上披著乾草，見到欲火，應當迴避、遠離，以免被這些欲火燒著了。

五、六十年代以前，人們大都有燒柴火的經驗，那時還沒有瓦斯，煤炭也貴。燒柴火時，即使溼的木柴，火慢慢地烤，濕柴也會乾，乾了就會燃燒起來。台語俗諺說：「溼的木柴都會著火，不要說這些乾的柴！」

修道不是躲避欲念。飲食男女，是基本的欲求；若見它形成火苗，燃成欲火，一定要節制。

第三十一章

心寂欲除：不受欲望的驅使

佛言：有人患淫不止，欲自斷陰。佛謂之曰：若斷其陰，不如斷心。心如功曹，功曹若止，從者都息。邪心不止，斷陰何益。佛為說偈：欲生於汝意，意以思想生，二心各寂靜，非色亦非行。佛言：此偈是迦葉佛說。

章題：「心寂欲除」。意指心安止下來，欲念就會消失。

「**有人患淫不止，欲自斷陰。**」有人患淫不止，想要把生殖器去掉。佛陀說：「**若斷其陰，不如斷心！**」「斷心」，斷除生起諸煩惱的根本無明心。欲心沒有斷除，去掉生殖器是沒有用的；如果要去掉生殖器，不如去除欲心。

佛陀接著解釋說：「**心如功曹。**」「功曹」，是漢代的一種官職，掌選署內各曹（各部門）的人事，官職相當大。這裡指發號司令的地方。人發號司令的地方在心（思想、精神），不在肉體（色法）。

「**功曹若止，從者都息**」，如果司令不發號，部屬就偃旗息鼓，不會起作用。因此，

「**邪心不止，斷陰何益？**」沒有從心上用功夫，只是從外相著手，這是沒有用的。

有個人很喜歡賭博，他立誓戒賭，以剪掉手指頭來表明決心。結果下次朋友邀賭，受不了誘惑又去賭，他就再剪下一隻指頭……最後十指全剪光光，還是賭！所以，要戒斷賭博不是剪斷手指頭，是心在發號司令。

「**欲生於汝意，意以思想生；二心各寂靜，非色亦非行。**」「二心」指欲心跟意念。欲心從你的意念生起，意念從你的思想生起；唯有欲心和意念寂靜下來，不是色法的問題，也不是行為的問題。是心眷戀！心如果不起念，身體會像木頭一樣動也不動。

參禪時問自己：「我是誰？」當人死掉的時候，手還好好的，卻不能動，是因為心不再對身手發號施令。如果造了惡，也是心在指揮。做了不好的行為，靜下心時，看一看，這樣好嗎？給自己留一些靜心的時間，想想自己的所作所為。這就是修行。

不管是福報或是惡業，都是由心感召而來。心發令，就會有動作。所以不是逃避，也不應破壞身體，而是靜下心來看住它，看它怎麼發號施令。身體是父母給我們的，

也是自己的福報，要珍惜自己的身體，它也是工具。自己的工具，還是最好用的，但是不要造惡業。

「心寂欲除」，當靜下心來時，欲心不生，不同的天地就開展了。心若不寂，隨欲心造作，不管是善惡，都與我們如影隨形，躲不掉的。

這個偈語是迦葉佛說的。迦葉佛是比釋迦牟尼佛更早成佛的上一尊佛；釋迦牟尼佛的下一位是彌勒佛。彌勒佛的下一位是哪尊佛呢？人人都可以成佛！只要福德因緣夠，斷盡煩惱，你也可以成為未來佛的候補者。

第三十二章

我空怖滅：一直在變的「我」

佛言：人從愛欲生憂，從憂生怖；若離於愛，何憂何怖！

章題：「我空怖滅」。「空」是動詞，看破、放下的意思。「滅」是滅除，消失。意即把「我」看破、放下，怖畏的心才可能滅除。

為什麼要把「我」看破放下呢？因為「人從愛欲生憂」。凡夫對情感、財富等等的愛欲，是衝著「我」、「我的」而導致心情患得患失。這些愛欲的開端是由於「我愛」，進而一路延伸成更多的「愛欲」。

什麼是「我」？「我」是什麼？不明白的話，內心的怖畏、煩憂會隨時干擾我們。嘉義有一位律師，兒子是嘉義中學的高材生，喜歡打球。有一天兒子說胸口很痛，送到醫院，說是氣胸，必須馬上開刀。開完刀，在加護病房住了四天後，兒子突然死了。父母親很難過，其他人怎麼勸也沒用，就請我去看他們。我看那孩子的照片，真是又聰明又清秀。我說：「你們念《金剛經》送他一程吧！」但他們似乎沒反應。我

又說：「人家不跟你們在一起，你們還哭什麼？你以為那還是你的孩子嗎？」

太太說：「是我的！如果不是我的，不然是誰的？」

先生說：「師父！孩子去世，我們很難過。我想撥一筆錢成立基金會，因為他喜歡打球，每年他生日時，基金會舉辦球賽，當作訓練選手，也提供獎金。」我讚許父親的做法，很理性。

喪事辦完了，他們來香光寺。太太說：「師父！我們天天誦《金剛經》。佛陀說：**『凡所有相，皆是虛妄』**，**『一切有為法，如夢幻泡影』**，我還特地抄寫貼在牆上。可是佛陀怎麼不直接告訴我：這件事情為什麼會發生？」

我心裡想：「佛陀一再強調人生無常，生命在呼吸間呀！」但我沒有駁她。

先生對太太說：「佛陀拿著優曇缽花，對著大眾晃一下，大迦葉就微笑。妳根本就不讀這些，怎麼會知道佛法說什麼？」

太太還是很傷心，哭著問：「為什麼要讀《金剛經》？佛法沒辦法貼到我的心。」

我說：「孩子是從妳的肚子生出來，所以妳對孩子的感情跟先生不一樣。先生幫孩

子辦基金會，讓他的生命延續；支持打球活動，就像孩子繼續跟很多人在打球。但是妳心中很清楚，孩子從自己的肚子孕育出來，很真實的一個人，從無到有，又從有到無。只是他不跟你們在一起，你要怎麼辦？」

太太問：「這叫做『空』嗎？」

我說：「我不敢跟你說『是』，還是『不是』。」我就拍了她的肩膀一下。

她說：「我懂了，是『我的』孩子走了！」

我說：「《金剛經》要繼續念，孩子不跟妳在一起，以後，妳要替他做一些該做的事。」

在她看來，孩子的身體還好好的，只是不呼吸而已。她不知道：只這一口氣不來，就生死兩隔。不是兒子「空」了，是她自己必須放下——孩子從肚子抱出來的時候很真實；在加護病房時抱著孩子，還是很真實。問題是：曾經擁有的真實，一下子消失了。這讓人感到非常恐怖，我們以為可以掌握，其實是掌握不住。

「我空怖滅」，放下自以為可以掌握一切的心態，不再患得患失，就沒有怖畏。看

破的那一天，你的智慧開了——明白一切人事物只是此時此刻存在，知道它們不是永遠存在，不是永遠不變。知道「存在」有消失的時候，你更能珍惜當下的擁有。

用功要從認識身心的無常、空性開始。如果一直翻騰，患得患失，心裡七上八下，只會讓自己更痛苦而已。

何謂「我」

章題「我空怖滅」中的「我」，是佛門很重要的字眼，在這裡是指我執。「我空」，就是去掉我執。「我」字的意思，需要再補充。

西方的哲學家笛卡爾說：「我思故我在。」「在」是存在的意思。笛卡爾認為：「我思考，因此我存在。」心理學則從人的精神狀態，探討三種我：「本我」、「自我」、「超我」。這是西方理論的「我」。

佛教所謂的「我」，不是世間相對於「你、我、他」所說的代名詞「我」，是說現在坐著；摸得到手臂、臉頰；聽得到聲音，所呈現出來的「生命體」。這生命體似乎

很實在的存在，佛教稱為「補特伽羅」，中文的意思是「數取趣」，數數地往來諸趣（六道）；或者譯成「眾生」，眾緣所生。「補特伽羅」的原意，直指生命是眾緣所生、變動、不是一成不變的特性。

然而，一般人怎麼看的呢？還是小女生時，是我；長大結婚成了太太、生育孩子做了媽媽，也是我；事業有成做董事長，也是我；老了做阿嬤、進入加護病房，也還是我。好像只是年齡、身分改變，而內心則認為有個統一、可以支配、掌控的「我」，一直挺立在天地之間。

實際情況是：我不想生病，卻還是生病；不想老，還是老了；不想死，終歸還是走向死亡，根本不能掌控自主。

很多人在面對死亡時，才感覺到生命的巨大落差，才知覺無常的存在。其實生命是剎那、剎那生滅、衰老、變化，並不是一成不變的。我剛把頭髮剃完，摸摸頭，頭髮又長出來了；男性刮了鬍子，摸摸下巴，也會發現鬍鬚又長出來了。生命無時無刻不在變動，一直在新陳代謝。

佛法認為如果稱補特伽羅為「我」，必須具足三要素：獨一的、常住的、有支配的能力。然而「補特伽羅」不具足這三要素，色身在轉變，心念也在轉變，沒有固定的形相，也不能自主。它是「無我」、「空」，這是生命的實相。一般人初聽這個道理，往往很難體會，仍然執著有個不變的我。佛陀說這就是「我執」。有時跟人家吵架，指著鼻子，認為這裡是「我」。其實自己一直在變，別人也在變。

「我執」之外，認為組合身體的地、水、火、風的元素是有的，心念是有的，這叫「法執」。其實，如果定力夠深，深刻觀察四大、五蘊身心，連四大、五蘊身心的形質也消融，最後只感受到「動能」的存在。沒有形相、沒有男女相，這叫「實相」，或稱為「空相」。我們所以能順利做出眨眼、行走等動作，是四大與心的功能特質在運作。

由於不明白生命是空相的真理，在幻化的一生中，難免被變化無常的事實牽動其心，或瞋、或貪，喜歡的往往求不得苦；不喜歡的又產生怨憎會苦。以「我」為核心，展現為我愛、我癡、我慢……生出很多憂愁、患得患失的怖畏心理。

佛陀指出：這些情況是可以改善的，體解「我」是無常、苦、空的性質，不再去執

取為「我」、「我的」，就不會有怖畏。苦、集、滅、道的修持，也從這個生命體來轉動。造惡業；造善業，也還是意念在打轉。請每天思惟「我執」、「法執」這兩個詞，觀察它們對你造成的影響，並感受五蘊的每一蘊，它們只是「生起」、「消失」的事實。

晚上睡覺前，做幾個深呼吸，反觀自身：呼吸的是誰？心跳的是誰？感覺存在的是誰？明白今天又過了，安心睡覺；明天起來繼續感覺呼吸，又是新的一天的開始！每天持續觀照，深刻體悟身心「無我」、「空」，至少可證初果不退轉，一切生死恐怖都會消失！

佛教的哲學——生命是流動的，可貴的是過程。在每個過程中，認真、自在地，在大大小小的事上去體驗、感受喜悅，不在最後的結論。父母放下對孩子的種種期待；就在你全心地陪伴他的時刻，他就是你的孩子。當下就是滿足與歡喜！

第三十三章

智明破魔：勇敢面對自己

佛言：夫為道者，譬如一人與萬人戰，挂鎧出門，意或怯弱；或半路而退；或格鬪而死；或得勝而還。沙門學道，應當堅持其心，精進勇銳；不畏前境，破滅眾魔，而得道果。

「**夫為道者，譬如一人與萬人戰。**」「萬人」是譬喻無始以來的種種煩惱和習氣。修道的人面對境界時，最難克服與戰勝的，就是自己千千萬萬的煩惱習氣。煩惱習氣何止「萬人」。人生的路，一直都是修行的路，多少誘惑、挑戰與考驗，是輪番現前。

「**掛鎧出門，意或怯弱；或半路而退；或格鬭而死；或勝而還。**」凡夫與煩惱習氣奮戰的種種情況。「挂」，披掛，指披上戰袍，備戰的意思。「怯弱」指學道的人道心不夠堅固，或戒行不足，禁不起環境的考驗。修道之人披著戰服出門，有時難免內心怯弱；或者半途而返；或者戰鬥而死；幸運的才能勝利歸來。

有位學者問我：「佛教戒律有什麼特殊的地方？」從小到大讀聖賢書，父母、學校

都教導我們道德倫理。信仰佛教之後，發現它可歸納成五條：不殺生、不偷盜、不邪淫、不妄語、不飲酒。這五條戒律，若有一條是父母、學校沒教的，應該就是「不喝酒」。一般家庭雖然不禁酒，不過，還是傾向於不喝酒、不抽菸。

「不殺生」這條戒，大家都知道殺人絕對不行。再細說就是活生生的、活跳跳的活物，進到你家才把它弄死，也是不行的。

「不偷盜」，偷盜本來就不可以，是觸犯法律的。

「不邪淫」，是自己對家人的負責。

這五條戒，道理很明白，像考試不可作弊，是「不偷盜」。賭博雖然不是偷盜，但在賭博時，常常是打妄語的。「不妄語」，是誠信篤實的本務。

五戒對在家居士來說，是對佛陀的「許諾」；對自己的信仰「許諾」。以「不殺生」來說，不僅不殺人及動物，並且盡可能的讓別人有機會好活。這是你的信仰，你願意這樣做，必要時，也願意接受挑戰。持戒及定力，都要面對挑戰的。

有位夫人突然接到一通電話，對方說是她廿年前送給別人的女兒，想跟她見面。這

往事只有她自己知道，不曾對先生、兒女提過——當時她年少無知，生了一個小孩送給別人撫養。原想天不知、地不知，把這件事帶進墳墓，卻接到這通電話，讓她身心不寧，坐立難安。擔心哪一天，這個女兒突然站在家門口，怎麼辦？於是找專家輔導。

輔導師說：「如果不想跟她見面，沒有人敢撞進妳的世界。送給人家已經超過二十年，過了撫養期，她有那邊的爸爸媽媽照顧，你所要做的是讓自己安心。妳曾經跟她有這麼深的緣，如果有特殊的遺傳疾病，妳有義務告訴她，這是一種社會責任。」

人有時候會走岔路，或有過去的污點，如果一直在追悔，老是扛著過去的晦暗，會活得很辛苦。做了不對的事情，是需要懺悔，但更重要的，是改過向善。怯弱的時候，反而要看清楚當時的因緣，學著放下，轉個念頭，重新出發。

「**沙門學道，應當堅持其心，精進勇銳。**」自己對修行的路，應當堅持正確的方向，精進勇猛，善用自己的生命。

「**不畏前境，破滅眾魔，而得道果。**」佛家教我們轉換意念，而非等待環境或事件改變。惟有步步為營，突破悔恨的心魔，克服過去的污點，前方還有眾多魔境環伺。

惟有明白生命真正的意義，用正確的意念看待世間，奮勇破除眾魔大軍，才能獲得道果。這叫「智明破魔」。

第三十四章

處中得道：過與不及都不好

沙門夜誦迦葉佛遺教經，其聲悲緊，思悔欲退。佛問之曰：「汝昔在家，曾為何業？」對曰：「愛彈琴。」佛言：「弦緩如何？」對曰：「不鳴矣。」「弦急如何？」對曰：「聲絕矣。」「急緩得中如何？」對曰：「諸音普矣。」佛言：「沙門學道亦然，心若調適，道可得矣！於道若暴，暴即身疲；其身若疲，意即生惱；意若生惱，行即退矣；其行既退，罪必加矣！但清淨安樂，道不失矣！」

這一章可能出典於《阿含經》，佛陀對比丘**二十億耳**⑯的教導。佛陀「處中得道」的教導，不只用於修道，也適用於做學問、做人、做事業的方法及態度。處世及做事，都能做到適中才是功夫。

「**沙門夜誦迦葉佛遺教經**」，有一位出家沙門，晚上誦念迦葉佛的《遺教經》。

「**其聲悲緊**」，聲音悲切、心情緊繃。心情緊繃，人就急切，而且會感傷。他希望修道，趕快成就，但修道怎麼可能趕快成就呢？急切的心，讓他身心非常疲累，結果「**思悔欲退**」，想要退道心了。出家是希望成道，結果多年沒有證果，自己頹廢，不想修行，就後悔出家，乾脆還俗。這位沙門產生了情緒不平衡的問題。

佛就問他說：「**汝昔在家，曾為何業？**」你過去在家是做什麼職業或者工作？「業」，印度原文是Karma。Karma這個字在印度是常用字，誦戒是業；受戒是業；說話是業；身體動作或者打掃也是業。動善念是「善業」；動不善念是「非善業」。「業」這個字是中性語詞，不是負面字眼。

比丘回答佛陀：「我喜歡彈琴、玩樂器。」

編者注

⑯ 二十億耳，一位出家比丘的名字。佛陀教導二十億耳以彈琴中道的道理，在《雜阿含經》、《中阿含經》、《增壹阿含經》都有提到。見《雜阿含經》大正藏第2冊，頁62。《中阿含經》，大正藏第1冊，頁611～612。《增壹阿含經》，大正藏第2冊，頁612。

「**弦緩如何？**」那麼，琴弦太鬆，聲音如何？「**對曰：不鳴矣。**」弦太鬆，就發不出聲音來。

「**弦急如何？**」弦拉太緊，聲音如何？「**聲絕矣。**」如果弦太緊聲音會很尖銳、刺耳，弦像要斷掉。

「**急緩得中如何？**」恰到好處呢？「**諸音普矣。**」樂音就很舒緩。

「**沙門學道亦然。**」沙門學道也是同樣的道理。修道跟調弦一樣，如果心太鬆會昏沉，容易打瞌睡，昏沉是一種黑暗的心；如果心太緊容易舉揚，心煩意亂。「中」不是緩、急加起來除以二；而是先知道自己的受覺，然後調適到最適當的情況。

「**心若調適，道可得矣！**」「適」是「恰到好處」。恰到好處只能意會。禪修時，身心要放鬆，但不是散漫、懶散，而是不緊不鬆的。很多人不清楚怎樣禪修，打坐像上戰場，一直處於備戰的狀況。縱使要上戰場，也先泡茶、喝一杯，讓自己鬆下來，才出征。

修道的可貴就在那個「鬆」字，調適得宜才能得道。

「**於道若暴，暴即身疲。**」用力太猛，身體就會疲累。就像西北雨，雨儘管下得很快，又驟又急，但土壤不會溼。反而雨緩緩地下，整個大地都受到雨水的滋潤。在修學的過程，需時時反觀，自己要警覺：「我是不是有一點躁進！」自己可以檢查，這即是「覺」。

「**其身若疲，意則生惱。**」身體疲憊，內心也開始生煩惱：自己這麼精進，怎麼還這樣沒效率。

「**意若生惱，行即退矣；其行既退，罪必加矣！**」內心生惱，會再衍生很多不正確的想法，尤其心生掉舉，像掛著水桶，七上八下，使道行退失；道行退失，過患就來了！

「**但清淨安樂，道不失矣！**」只要身心清淨安樂平衡，道行就不會退失。平穩的身心，是真正的用功。

每天早上醒過來時，不管今天要面對什麼樣的大事，先做幾個深呼吸；知道呼吸在哪裡，就已經回到當下。此刻的呼吸不是昨天的，不是前天的，是此時此刻的——一

天開始了！甚至摸摸棉被，感受觸覺，這都是禪修。禪修不只是坐在蒲團上才叫禪修。

隨時感覺呼吸、當下，心情是喜悅的、不散亂的！

第三十五章

垢淨明存：也要鍛煉

佛言：如人鍛鐵，去滓成器，器即精好。學道之人，去心垢染，行即清淨矣！

「**如人鍛鐵，去滓成器，器即精好。**」鐵礦從礦區運送到工廠，去掉雜質並加以一次次地鍛煉，成了可用的材質，可以製作出各種精美器具。鍛鐵成器，譬喻學道的過程。

「**學道之人，去心垢染，行即清淨矣！**」學道譬如鍛鐵，要去除渣滓，去除心的垢穢、染污，行為就會清淨。

修道就在除去雜質、垢穢。冶煉的過程，把煩惱、習氣看清楚，除去煩惱的干擾，減少莫名其妙、雜七雜八的事情。

本章與第十三章「問道宿命」有異曲同工之妙，皆以去除污垢作譬喻。此章鍛鐵，較之「垢去明存」，拭去鏡面的污垢之外，更去除內、外的渣滓，智慧純潔、淨明。兩者的功夫是不一樣的。

第三十六章

輾轉獲勝：人生最難得的是……

佛言：人離惡道，得為人難。既得為人，去女即男難。既得為男，六根完具難。六根既具，生中國難。既生中國，值佛世難。既值佛世，遇道者難。既得遇道，興信心難。既興信心，發菩提心難。既發菩提心，無修無證難。

章名：「輾轉獲勝」。一個比一個難得，後一事比前一事更加殊勝。

「**人離惡道，得為人難。**」「惡道」指「三惡道」，即：畜生、餓鬼、地獄。「難」是困難、不容易的意思，此外，「難」字也指稀有、殊勝、難得。

「地獄道」跟「餓鬼道」，大家都知道確實不好，但有人認為「畜生道」還好，像不少寵物深受主人寵愛，還有上美容院、修指甲、住旅館等享受，因此有人希望下一世當寵物。

但寵物只是被人飼養，沒有自主性，一旦老病，多被主人野放；另一些畜生道像雞、

豬等家禽家畜，被人類飼養，最後稱斤論兩，成了人類的食物，也是沒有自主性。「畜生道」眾生的自由或自主性很少，是「惡道」之一。

「人道」、「天道」的境遇比三惡道好。而且能夠生為人是更殊勝、稀有難得，所以，才會說「人身難得今已得」。

「**既得為人，去女即男難。**」既生為人，有男身、女身之別。二者較量殊勝，經文指出男身較為殊勝，看似有貶抑的意思。若從「佛道長遠，菩提心易發，長遠心難求」來看，勇銳、剛毅、大器等特質，男身是比較適宜。

「**既得為男，六根完具難。**」生為男身，且六根具足，這是很難得的。人人都可以學佛，卻非人人可以出家，佛陀要求出家眾的基本條件，必須要六根完具，才能受出家戒。

我們從小到大，父母親想盡辦法照顧我們，這是福報。如果六根不完具，像是重聽、眼盲、腦殘，或是手腳殘缺、行動不便等等，佛教不是歧視，是他們出家後，會有不方便的地方。所以，六根完具是很大的福報。若是出家後才受傷，就要接受，不用還

俗，應該由大眾師來照顧他。

「**六根既具，生中國難。**」佛教所稱的「中國」，是指有佛法弘揚的地方。六根完具，又能夠生在有佛法弘傳的地方，是很殊勝的。

「**既生中國，值佛世難。**」「世」指同一個時間。縱使生在有佛法弘揚的地方，能夠值遇佛陀在世間說法，那是殊勝難得的。

「**既值佛世，遇道者難。**」生在佛世，而能聽聞佛法，也是不容易的。縱使親遇佛陀說法盛會，聽不懂的人，也大有人在。

「**既得遇道**」，雖然有幸聽聞佛法，「**興信心難**」。以香光尼僧團開辦的居士佛學研讀班來說，雖然辦得非常認真，卻不是每個人都能來聽聞佛法；願意來聽聞佛法，對佛法生起信心，確實非常殊勝。

「**既興信心，發菩提心難。**」生起了信心，發願成佛難。「菩提心」，完整的說法是叫「阿耨多羅三藐三菩提心」，發起一種求取正覺成佛的決心。為利樂大眾成就佛道，不在私利，發願成佛、修學佛法，這些都是叫「菩提心」。能夠發菩提心是殊

勝難得的。

「**既發菩提心，無修無證難。**」發起了菩提心，做一個無修無證的人更不容易。

「無修無證」在第十一章就出現，請回頭參讀。

本章與第十一章的相同處，都是用比較法，輾轉相較。不同處在於比較的內容不同。

本章以修道的歷程來說「輾輾獲勝」，第十一章以布施功德來說「施飯轉勝」。不同的較量，經文層層敘述，最後都以「無修無證」作結。布施以受施者是「**無修無證者**」為最大的功德；修道的歷程，也是以「無修無證」為究竟的道果。

「無修無證」，不是奢求功德，只是做我應盡的本分。「本來如是」，隨著當下的因緣，我可以做，就盡己所能去做，所謂「**仰止唯佛陀，完成在人格**」。讓心性的光明自然流露，法界無盡，心性無盡，就是「無修無證」。

兩位同參來到江邊要渡河，旁邊有位女子也想渡河，可是沒有船，她立在江邊不知所措。一位同參就涉水揹她過河；另一位使神通，從水面跨過。到了對岸，使神通的對同參說：「你怎麼能揹女人？」對方回答：「我已經把她放下，你怎麼還不放下？」

這兩位同參，一位行「菩薩道」，一位「自渡」。揹女人渡河，做就做了，做了就放下。遇上這樣的因緣，直下承擔，心裡沒有疙瘩，恰到好處地做，就叫「本分」。心不存功德想，就是「三輪體空」，也就是「無修無證」。經典裡有很多例證。

曾經有個老人在山上種松修道，人稱**栽松道者**⑰。一天，他遇到一位禪師，就請求出家。禪師認為他年紀太大，不適合出家，老人便離開了。過了幾年，香燈師看到一個小孩在大殿撒尿，香燈師制止他，說大殿是佛住的地方，不可以小便。那小孩反問：「哪個地方沒有佛？」香燈師拿他沒辦法，請老和尚出來。老和尚就是那位禪師，問他：「你來做什麼？」小孩說：「我要出家。」老和尚認為他年紀太小，不允許他出家。小孩說：「老也不行，小也不行！什麼時候才能出家？」老和尚一聽，知道有來路，就度他出家。小孩後來果真成為大禪師。

這個故事並不表示：佛無處不在，佛殿跟廁所就可以不分。人家是祖師大德、善知識，佛法確實說哪個地方沒有佛，但是對佛殿還是要給予尊重。有時佛經聽多了，會

與世間道理相混亂。聖者的境界、說法的方式，跟我們不一樣，必須清楚：世間就是世間，該怎麼做就怎麼做！

編者注

⑰「栽松道者」，傳為中國禪宗五祖弘忍的前身。故事中的老和尚即禪宗四祖道信。事錄見《佛祖統紀》，大正藏第49冊，頁291、頁366等，以及《五燈會元》，卍續藏第80冊，頁45。

第三十七章

念戒近道：走在佛道上

佛言：佛子離吾數千里，憶念吾戒，必得道果。在吾左右，雖常見吾，不順吾戒，終不得道。

章題：「念戒近道」。如果憶念、想念佛陀，卻不聽從佛陀的教導，就算天天與佛陀面對面，還是不能得道。相反的，即使住得離佛很遠，有數千里之遙，能夠憶念佛陀的教誡、戒律，修學佛陀的道法，一定能成就道果。

成為佛陀的弟子，要遵守戒律。五戒之外，「**諸惡莫作，眾善奉行，自淨其意，是諸佛教。**」這是學戒的大綱。我們聽了佛陀的經典跟戒律，要依教奉行，解行相應，讓身心都走在這條路上，這是很重要的。

第三十八章

生即有滅：人命在呼吸間

佛問沙門：「人命在幾間？」對曰：「數日間。」佛言：「子未知道。」

復問一沙門：「人命在幾間？」對曰：「飯食間。」佛言：「子未知道。」

復問一沙門：「人命在幾間？」對曰：「呼吸間。」佛言：「善哉！子知道矣。」

本章在探討「人命在幾間」。文中一再出現的「知道」，跟平常使用「知道」的意義不同，這裡的「道」是「真理」的意思。

佛陀問沙門：「**人命在幾間？**」「幾間」，是問「長度」。人的生存或生活的期間，有多長？在什麼樣的長度之間。

有位沙門回答：「**數日間。**」「**佛言：『子未知道。』**」佛陀說：「你沒有明白『道』！」

「**復問一沙門：『人命在幾間？』對曰：『飯食間。』**」佛陀再問另一位沙門，那沙門回答：「在一頓飯之間。」飲食維繫著人的生命，不吃不喝，當然就沒命了。所以，這位沙門說人命的長度在飯食之間。佛陀依然回答：「你沒有明白『道』！」

「**復問一沙門：『人命在幾間？』對曰：『呼吸間。』**」人命就在一呼一吸間。和緩的呼吸一分鐘，大約進出六、七次。一呼一吸時，一口氣不上來，命即休矣！於是佛陀讚歎那位沙門，「**善哉！子知道矣**」，太好了，你明白「道」了！

生命短暫無常，用「數日間」、「飯食間」來形容已相當傳神，但還不如「生命在呼吸間」，讓人擊節讚歎！這是掌握了生命無常的「眉角」（台語）。這是章題「生即有滅」的意思。

我們每天都在一呼一吸間活著。很多禪修功課，像「安那般那念」，就從觀呼吸開始。藉著觀呼吸，調伏妄念，調整情緒；一呼一吸，就像撥念珠一顆一顆，可用來繫心。所以，呼吸也是用功的法器，觀呼吸也最容易覺察身與心的互動。發脾氣時，呼吸急促、面紅耳赤；如果呼吸有一搭沒一搭，就可能生病了。

呼吸很重要，人活著不過一口氣。一口氣不來，嗚呼哀哉！無論擁有多少金山銀山、妻女、洋房、子孫，或是多高的名位權勢，什麼都帶不走！要建立家庭、事業等，就在有這一口呼吸的時候。看清這個事實，生煩惱時就反問自己：「我所擁有的，什麼是保得住的？」如果對無法保住的情況感到失望、沮喪、難過、生氣，甚至睡不著時，要跟自己說：「我怎麼這麼荒謬，無聊透了！」

健康的身體需要充足的空氣、陽光、水。呼吸順暢，是健康、長壽的必要條件。練習吐氣，盡量吐氣，才有辦法吸氣，生命才能延續，在有限的時間裡，做最大的發揮！

第三十九章

教誨無差：法無高下

佛言：學佛道者，佛所言說，皆應信順。譬如食蜜，中邊皆甜，吾經亦爾。

「**學佛道者**」，學習佛陀所說的道理。「道」就是「諦」——「苦」、「集」、「滅」、「道」四諦的真理。佛說世間貪瞋痴等苦惱（苦諦），以及貪瞋痴等苦惱的止息（滅諦），都有它的原因。「苦諦」的原因是「集諦」，無明、愛、取。「滅諦」的原因是「道諦」，八正道、三十七道品等。

滅諦，貪瞋痴等苦惱的止息，就叫「涅槃」，這是學佛的目標。修道一定要知道什麼是「道」。知道自己的問題在哪裡，才有下手的地方。所以「**佛所言說，皆應信順**」，佛陀所說的真理先要相信、信順。所謂信、解、行、證，修學佛法是有次第的。從信入門打穩基礎；有了基礎還要了解路徑；再分辨往前走的方法。如何開步走，有其階次，亦即《阿含經》所說的四預流支：親近善知識、聽聞正法、如理作意、法次法向。

如果有人說：「你只要告訴我佛法的精華就好。」佛法哪一句不是精華？有人認為

越深越好，聽不懂的最好！這就像建三層樓高的房子，只要建第三樓，一、二樓不要建。這叫「空中樓閣」，不切實際。或有人吃了三個饅頭後，最後再吃半個，飽了，就認為只要吃那半個就好。這叫「躐等思惟」，可能嗎？

在我受教育的過程，幫我奠基礎的小學老師，我至今仍念念不忘。當時我拿筆的方式、筆劃都不對，都是老師耐心教導而奠下基礎。

在修學的過程，契理、契機是重要的。初入佛門的行者，「中觀」、「唯識」是放在進階才教授。以出家眾來說，「五夏以前專精戒律」，出家最初的五年要專精於戒律的修學，包括二堂課誦、出家行儀，師父出門要送駕，回來要接駕，學習尊師重道……。不論出家前當過老師或董事長，或是學士、博士，大家都同樣照著做。以香光尼僧團來說，從沙彌尼戒開始，學習入眾、穿衣、摺棉被等。在佛門，掃地也是有方法的。有人認為比成功嶺新兵訓練還嚴，但很紮實。像開門，必須垂後手把門送到位，才可以離開。行為、舉止，每一樣都是禪修。

走路的時候，觀想腳為什麼會移動。這就是動了意念，牽動身體肌肉，腳才動起來。

禪修期間，你看到出家人在那裡走過來走過去，兩步、三步地走。這是一種教學。我們每個腳步，每一塊神經、每一塊肌肉，都是色身。色身自己不會動，是意念在指揮。這個練習重要嗎？如果你覺得這應該修，就會覺得重要。

古德說：「**法無高下，唯嫌揀擇**。」每一種法，都有它的位置與作用。修行最怕走入歧途，所以經文舉例：「**譬如食蜜，中邊皆甜，吾經亦爾**。」信順佛語就像食蜜，中間、旁邊都是甜的。如果一開始，根基不穩，又要挑三揀四，怎麼進入修道之門呢？如果只要中道，卻不知兩邊在哪裡，怎麼選擇「中」呢？

中國禪門說：「修行無別徑，惟在識路途。」沒有其他的第二種方法，只有一種方法——只在「識路途」！「識路途」為什麼重要？因為修行非一蹴可成，大方向、大途徑先掌握，才能按圖索驥。儘管尚未到達目標，有地圖作檢索指標，就不會南轅北轍。這是從教入禪；從禪入教的指導語言。

《法華經》說：「**佛以一大事因緣故出現於世**。」佛陀示現世間，在安頓眾生的身心。安頓身心的方法，就是回到當下。宇宙之間，天上天下之間，這是修行的基礎

點。儘管在最後半個饅頭才吃飽，先前已經吃三個，合起來就是三個半。佛陀的教說──初善、中善、後善，「教誨無差」。

打基礎時要耐得住，信念、知見才穩固。學佛當中，聽到很多評比的語言，你的知見要能引導你──什麼是正確的？什麼是不正確的？什麼是該放下的？這就是眼光。知道不等於明白；已經知道了，還要更清楚深入。把初階所學的去蕪存菁，放到一個適當的位置，再往前走，這就走在修學的道上。

第四十章

行道在心：呷菜不懂理，像牛啃草皮

佛言：沙門行道，無如磨牛，身雖行道，心道不行。心道若行，何用行道？

章題：「行道在心」。即修道由心。中國禪宗六祖慧能大師到了廣州「法性寺」時，兩個和尚在那邊辯論。他們看到一面旗幡飄動，一個說是風動，一個說是旗幡動。六祖大師說：「不是風動，也不是幡動，是仁者心動！」心去攀緣，你才看到幡動，不然它動一千次，也與你無關。看世間不順眼，其實是你自己心動，用自己的標準在秤斤論兩，認為不符合自己的標準。

「**沙門行道，無如磨牛。**」挽磨石碾穀物的牛就叫「磨牛」。早期沒有電力，靠牛來磨米或麥，拖車、下田也都靠牛。磨牛日日辛勤操作，拉不動時，主人會用皮鞭抽打。「磨牛」比喻行道，意思是只出蠻力，身行；心不行。

我接觸佛教，很偶然。十八歲那年的過年，媽媽帶我去台北第一劇場看電影，排隊排很久，還是買不到票，乾脆去佛寺拜拜。去到佛寺，出家師父問我：「你們從哪裡

來？」我說：「來自台北。」「你們有拜拜喔？」「有啊！我初一、十五吃素。」那位出家師父聽了，就說：「呷菜不懂理，像牛啃草皮。」被比喻成「像牛啃草皮」，心理極不舒坦。問他：「怎麼這麼講呢？」他說：「牛不也吃素？」「你不懂（佛）理，只會吃素，豈不像牛吃草！」當時我深受刺激，那一天就皈依，並開始研讀佛經。

我的家庭拜觀音、吃素，但距離學佛還有一大段。皈依後，師父拿佛教雜誌給我。開始接觸佛書，就像蚊子叮鐵牛，咀嚼得很辛苦。故事雖看得懂，但「阿耨多羅三藐三菩提」，卻看不懂！中國字都認得，句子兜在一起，還是讀不出個所以然。於是勤翻字典，也常去請問師父。是如此地因緣，我走向出家的路。

第一次的佛教洗禮，是這句「呷菜不懂理，像牛啃草皮。」把我從外在的儀式推向義理的路上，這才理解吃素是不殺生、是護生，還有諸多的佛法深義。

第二次是某次主持皈依典禮後，一位居士跟我說：「我家原本就拜拜，就是拿香跟著拜。皈依了還是不懂佛理，只是照著拜。您做憨師父，我做憨徒弟！」這番話給我

的刺激，就像當年聽到「呷菜不懂理，像牛啃草皮」一樣。我被這個「憨」字「撞」到了！

我當下回應他：「你不要做憨徒弟，我不要做憨師父！我陪你們講故事、讀佛經。我沒空時，請法師們陪你們。」這次的撞擊是——出家所為何來？穿這一襲袈裟，不是為了自身的溫飽，是有責任、使命的！我的個性受不得激將，兩次的洗禮都成了正面的因緣，促成了一個堅持。香光尼僧團居士的「佛學研讀班」是這樣開始的！

民國七十三年，佛學研讀班開辦時，我出家將近廿幾年。看到佛教有很多的典禮、儀，人們行禮如儀，卻未必理解儀式的真意，「**身雖行道，心道不行**」，光是行禮如儀，未免可惜！每個宗教都會透過儀式來強化義理，信仰宗教，不只要用身，還要用心，進入內容去理解、經營我們的生命。

「**心道若行，何用行道？**」這是強化「行道在心」，知道做這件事的精神，掌握原則和方便，使得儀式的踐行更具內涵。注重精神義理的當下，也不應廢掉儀式。孔子說：「**爾愛其羊，我愛其禮。**」廢掉儀式，反而令人身心、手足無措。

掌握佛法的核心，才可能進入「正知正見」，這是學佛的關鍵，你握有了開啟智慧之門的鑰匙。更重要的，不用像那頭牛，一直由著別人鞭打，打得皮開肉裂，滲出血水。若是得一直靠著別人、外力，抽一下動一下，還是沒有得到竅門的精髓！

第四十一章

直心出欲：覺察、抽離、不陷溺

佛言：夫為道者，如牛負重，行深泥中，疲極不敢左右顧視；出離淤泥，乃可蘇息。沙門當觀情欲，甚於淤泥；直心念道，可免苦矣！

章題：「直心出欲」。「直心」，一心在道。「出」，遠離、出離。念念在道，就能遠離情欲之苦。

「**夫為道者**」，修道的人「如牛負重」，就像牛扛著重物。「行深泥中」，負重已經很辛苦，還走在很深的爛泥裡，不易使力。「疲極不敢左右顧視」，在爛泥中行走，使盡氣力，儘管疲累非常，卻無暇東張西望。「出離淤泥，乃可蘇息」，離開淤泥才可以「蘇息」，喘一口氣，放鬆歇息。

每個人來到人間，在現實的人生旅途，像牛一樣都負載著不同的背景、習性，扛著舊業、重業，加上人間有很多過患、考驗、挑戰，負擔重重，比淤泥的過患還重。「**行深泥中**」已經很疲累，當然無暇左右顧視，必須要「**出離淤泥**」——如果重

業還在，要「隨緣消舊業，更莫造新殃」，從過去的習氣扛過來的舊業，要隨緣銷釋減少，不要再造新業加重負荷。重擔稍釋，才有可能出離現實的淤泥。

「**沙門當觀情欲，甚於淤泥。**」沙門看待情欲，明白情欲的誘惑，比淤泥更讓人陷落。人扛著欲界眾生本有的情欲，很容易被引誘、陷落，走入歧途。必須以智慧抉擇，才能經得起誘惑。儘管不是大解脫的智慧，至少有能力，避免越陷越深。

「**直心念道**」，念念在道。每一個人都要修行，直心在修道上，少沾染淤泥。「**可免苦矣**」，可以免於受苦。

生而為人，能夠學佛，親近三寶，是很大的福報。很多居士跟我說：「學佛以後，感受到聽聞佛法的功德，看問題會比較清晰。」慶幸能先覺察誘惑而轉念，至少知道抽離，不致於陷入太深。這叫「**出離淤泥**」。

人生的考驗是一次又一次，一直在考驗當中，也需要再接再厲，不可稍懈！

第四十二章

達世知幻：通達世間的真假

佛言：吾視王侯之位，如過隙塵。視金玉之寶，如瓦礫。視紈素之服，如敝帛。視大千界，如一訶子。視阿耨池水，如塗足油。視方便門，如化寶聚。視無上乘，如夢金帛。視佛道，如眼前華。視禪定，如須彌柱。視涅槃，如晝夕寤。視倒正，如六龍舞。視平等，如一真地。視興化，如四時木。

章題：「達世知幻」。這是《四十二章經》的最後一章，從更高的眼界、位階來俯視世間，有總說的意味。要通達、看透世間的種種現象，如幻如化。

人在世間，有時叱吒風雲，確實很了不起，只是眨眼之間，就成過眼雲煙。有人曾經位居政要，下台之後，夢中還在批公文。也聽說有人退休後，還經常要太太送菜單給他批示。如果是當作生活的樂趣，就很妙，人可以為自己找到服務他人的方式，製造生活的樂趣。扮演角色，不是一定要在哪個位置，角色可以創新、嘗試。這是輪轉，

也是幻化。

這一章出現很多「視」字，意思是「觀看某樣事物」。文中列舉十三項，包括：官位、財寶、衣物；大小、一多、權實；四種修學法門；以及三種對世間的期望。

首先提到「視王侯之位」。「王」，國王，一國之首；「侯」，指諸侯、宰相、文武百官；「位」，官位，這些通指功名利祿爵位。以「富貴」來說，偏向於「貴」，位階權位很高，有權可以統率、統理大眾。

「**視王侯之位，如過隙塵。**」早晨的陽光從門縫、牆隙照射進來；或牆面破個小洞，陽光從洞口篩進來，會看到很多灰塵一直在浮動。那時，陽光很亮，旁邊是暗的，當中的塵埃看得很清楚，這就是「隙塵」。

王侯之位，晨起朝沒，如過隙塵，浮動不定。尤其民主時代選總統、院長、董事長，上任沒多久就下台，新的一批接著上去。上上下下換人，旁觀者看得目不暇給，有人卻到處奔走拜託。這叫做社會需要，社會需要有這些人為大家服務。平時看那人很有才華，怎麼上台就不符期望，因為眾人的需求也瞬息萬變。相對的，可見眾人之事，

是不容易管理，很難以掌握。

「**視王侯之位，如過隙塵。**」把這句話當座右銘，可使人生更豁達；也可以作「緣起觀」，觀察自己的能耐。當可以為別人服務時，盡己所能；縱使從這個場域下來，也可以再修學，到另外的場域，展現不同的才能，繼續服務。與世間結緣，此上彼下；此下彼上，都有可能。

禪宗有一個很好的楷範，就是「**趙州八十猶行腳**」。八十歲的趙州和尚還到處參學。「行腳」，不是遊山玩水，而是遊行，隨處接觸眾生，接引眾生。八十歲還可以行腳，可見身體很健朗長壽。現在的社會，大家年齡加長，有人提倡「資源再利用」。有人不自覺社會變遷，認為：「年輕時工作很辛苦，現在老了，退休了，卻還要工作，這個社會好勢利！」不要作如是想。而是要告訴自己：只要自己沒有放棄自己，這個時候正是用功的好時段。學佛在「達世知幻」。「知幻」，是無住、無常；用另一個角度來看，是可以修行、再創造。

「**視金玉之寶，如瓦礫。**」將金玉財寶作瓦礫觀。金玉、鑽石等珠寶雖然比較珍貴、

值錢，如果把它們跟石頭擺在一起，也只是比較亮眼的石材。它們所以被人們珍視，只是物以稀為貴罷了。

「**視紈素之服，如敝帛。**」一是細緻光潔的素白絹；一是日常穿用的布帛。穿衣必須合乎禮節，布帛是用來保暖、遮蔽身體；絲織品是看場合穿。以前三輪車的時代，有人踩三輪車穿西裝，看起來就不搭。但日本的計程車司機都穿西裝打領帶，鞋子、襪子非常整齊，認為這樣才合乎禮節，這是日本的文化。其實，服裝是看場合，恰如其禮，就是好的。

「**視大千界，如一訶子。**」「訶子」，一種藥樹的果子（全名叫訶黎勒，體形像橄欖大小）。這種果子，印度有，我們這邊沒有，所以直接音譯。經典中記載：佛陀看三千大千世界，如看掌中的菴摩羅果。「菴摩羅果」，也是直接音譯，一種很小的水果。佛陀手拿這小水果說：「看三千大千世界，如同看手中的菴摩羅果。」這叫透視——小大對比，瞭如指掌。

在《華嚴經》，常常有大小、一多、事理等關係的差異對比。換言之，事無分大或小、

一或多、事或理，其中的理則是一樣的，一理通萬理徹。佛陀的智慧，更是法法相通，一多無礙。然而，事待理成。儘管理則相通，事相仍是千差萬別，有共相、自相。大海的水跟我手中的一滴水，同樣都是水，但兩者在事相上有大小、一多之別，不容前後錯置，否則會混淆世間的安立。

「**視阿耨池水，如塗足油。**」《西域記》記載著：在印度北方的雪山有個池，叫做「阿那婆達多池」。「阿那婆達多」讀快一點就是「阿耨達」，是位於世界屋脊的大雪山，水非常清澈。印度恆河，就是發源自那裡。這些水非常的稀有，但在佛陀看來，就跟塗足油一般平常。

「**視方便門，如化寶聚。**」為了誘引眾生進入佛道，佛陀便針對現前這個人的根基，用不同的方法、譬喻、比擬等讓他理解，這就是「方便門」。使用「方便門」，好像化現珍寶在人們眼前，使見聞者心生歡喜，心開意解。菩薩弘化世間，成就眾生，不能沒有方便門，它是願力與慈悲的展現。

我小時候最佩服我的母親，她為了教導我們，用盡各種可能的說法。曾經我不小心

吞下一顆橄欖子，一直擔心焦慮。當時我還小，要認識這件事，用譬喻、想像都聽不懂。最後，她創造了一個故事：「橄欖子一天天冒芽長大，從口、從耳、從鼻子長出樹枝，然後就可以摘橄欖子了。」我聽了轉憂為喜。她並不是故意欺矇，也不叫說謊，而是「方便」。依小孩當時可以了解的語彙，甚至編造一套故事。

大乘佛法有三綱：般若、慈悲、信願。信願用方便來表達。大乘佛法為了度化眾生，以眾生的需要為主，設方便來轉化，這是大乘菩薩的精神。由於慈悲而發現對方的需要，也發現自己的責任，因而更為好學。

「方便」，應以真實為主。像媽媽引導孩子吃藥，藥裏著糖衣，小孩子是看糖衣不看藥效。佛法的弘傳，每個時代都有其權巧方便。高深的妙理，就像珍貴的藥材，高麗蔘或人蔘，如果體質還不相宜，吃了反而會受到排斥。眾生修學也是如此，在進入最後的究竟法之前，需要依次第、步驟，當下他聽得進去，就是最切合因緣的。

「**視無上乘，如夢金帛。**」「無上乘」，指至高無上的教法，也就是佛陀覺悟成佛的法門。佛陀證道以後，將他體悟的真理，毫無保留的、完完全全地教給眾生。佛

陀所證得的，是無上的，是最頂尖、最究竟、最圓滿的。佛陀看這些成就，如夢中擁有的黃金布帛，對出家眾、在家眾，則一視同仁地教導。

「無上乘」，梵語就叫「阿耨多羅三藐三菩提」。「阿耨多羅」，就是「無上」的意思。無上的法門，佛陀以符合眾生的根基來施予，如果眾生當下不相應，也只是如夢一場。所以，弘揚佛法，要掌握契理契機。

「**視佛道，如眼前華。**」經典常說「佛道無上誓願成」，菩薩常發如是願，並且盡心盡力地，為度眾生建設道場，成就當下的法事，而內心卻清澈了知：這一切不過是水月空花、夢中佛事。

佛陀成道以後，每天仍然禪坐思惟。我們修學佛法，過程是更重要。生命不斷往前走，時時刻刻都走在佛道上，沒有停留在哪個地方！一件事情做了，下一次還是這樣炮製，形式、儀式可能相同；卻已經是不同的因緣、不同的格局、不同的條件。——菩提心就在這當下：覺知無住；無住生心！

「**視禪定，如須彌柱。**」「須彌」，指須彌山，也翻譯為「妙高山」，就是雪山，

今人所稱的喜馬拉雅山。印度地理以須彌山為世界的核心，支撐一個小千世界，上有日月星辰在旋轉，下有山川河流、四大部洲，也就是我們所住、所依的世界。

印度稱世界為三千大千世界，不只是看一個地球、一個太陽。用現在的天文學來說，是用整個銀河系來看宇宙，天外有天，整個太空是重重無盡的星際。

「**視禪定，如須彌柱。**」「禪定」的功用，像生命狂流中的砥柱。須彌山，像世界的軸心，在天地旋轉之際，日月時而清明或昏暗。在升與沈的生命現象裡，禪定使自我平衡、身心穩定；遇到任何的變動，知道自己的心是怎樣在轉，身心很快可以穩定下來。

「**視涅槃，如晝夕寤。**」「晝」是白天。「夕」是晚上。「寤」是醒過來。「涅槃」就是覺醒。不管是白天、晚上；或者是輪迴善道、惡道；或者是身為聖人或凡夫，都是覺醒的。「涅槃」，一種清醒的狀態、覺悟的狀態。證入涅槃的人，還是在這五濁惡世，然而，他是清醒的，不是迷惑如昏睡的，他的身心可以自在而不隨波逐流。

「**視倒正，如六龍舞。**」世間有倒有正。以中國歷史為例，合而再分；分而再合，

合合分分；分分合合，有時倒有時正，變化莫測。「如六龍舞」，像舞龍一樣，有時頭在上，有時頭在下。世間事物莫不如此。

在此提個問題，一龍舞已經令人眼花撩亂，為何說六龍呢？「六龍」，或可譬喻「六識」，眼識、耳識、鼻識、舌識、身識、意識。六識妄見，也是正倒反覆，無有已時。我們看世間正倒紛繁；反觀自身，豈有例外？

「**視平等，如一真地。**」「真地」，真如理地，所追求的最後的究竟。人們追求世間平等，到頭來，只爭得「理」平等；事相要平等，相當難。就像手指頭，用食指指責別人，用四指對自己。如果都一樣長，可能就不好用。有時從舉手投足間，自他互換，才可能領悟平等觀的道理。所以，「如一真地」，在「理」上盡量求得平等，事相就讓它恰如其分。從自他、事理的平等，做到恰到好處，這是實現平等。

「**視興化，如四時木。**」「興化」，法化、教化。「如四時木」，播種收割各有時節。冬至剛過，日曆就要翻新，冬天枯槁；春天就萌芽；夏天氣候炎熱，陽光正曬，雨水也多，是成長的季節；秋天則落葉且豐收。

「四時木」傳達出「序列」的義涵——春、夏、秋、冬各有節奏變化，一個接著一個。春天、夏天、秋天、冬天，按著序列次第來臨，節奏順暢；水分、陽光、風向依著自然順序運行，萬物由此滋長。

修道也有順序，要修「生忍」、「法忍」、「無生法忍」。生存在大地間，忍受大自然的冷、熱、雨水、颱風等叫「法忍」。其次，人活在世間，人際往來，愛恨情仇層出不窮，也須耐下心來面對，叫「生忍」。「生忍」、「法忍」及「無生法忍」是三個層次。

出門看到下雨、刮大風，就穿雨鞋或拿雨傘。可是有很多人總要對老天先罵一頓，老天不知道有沒有聽到，自己一定先聽到了。不如對天氣讚嘆：下雨天真好，有雨水了！天氣很冷，正好把陳年的衣服拿出來穿一穿！年紀大了，年輕時喜歡的衣服放著也沒用，就全部拿出來，一天穿一套，實用又復古！

「**視與化，如四時木。**」視各種教化，如春夏秋冬四時的草木，各有時節因緣。佛法的傳授，辯才無礙固然受歡迎，有時靜下心來，聽聽對方需要什麼才開始說法，

才接受、印可他，這正是「視興化，如四時木」的應機教學。

這一章「達世知幻」，從十三個面向教我們觀世間「緣生」、「緣滅」的道理。緣起法，是佛教的根本教義。有兩個面向：緣生與緣滅。修觀就是觀這二門。即使是外道須深，佛陀也教他觀緣生、緣滅的道理。這是在佛世曾經發生過的例子：

佛陀的時代，佛法越來越興隆，外道沒有人護持，經濟財源就差一些。外道想知道佛教怎麼如此興隆，就派聰明又年輕的須深，去探看佛陀是教什麼。須深來到佛陀的教團，說他要修學做比丘，大家就接受他。人家托缽，他也去托缽；人家打坐，他也打坐。不多久，他發現有些比丘沒有很深的禪定，問他們是否證果，他們卻說自己已經證果了。須深內心納悶，認為那些人可能打妄語，因為外道的沙門團，一定要很深的禪定才可能證果。他就去問佛陀：「為什麼那些人沒有修很深的禪定卻說自己已經證果？」

佛陀告訴他說：「你要先知道法住智，然後才能知道涅槃智⑱。」於是，須深再請問法住智與涅槃智？

「法住智」，了知世間諸法是「緣生」、「緣滅」的智慧。世間緣起的真理，是必然的、普遍的理則，不因佛陀出世或不出世，任何人只要具足智慧來觀看世間，相信世間有善有惡；有業有報；有三世因果；有聖有凡，知道這些都是緣起法，具足這種知見，叫「正知正見」。儘管還沒有證果，朝這個方向走，就得「法住智」。而緣生之法終歸壞去、滅去，有生有滅，觀緣起生滅，證入寂滅不生的聖人境界，就是「涅槃智」。

正信、正知、正見，是世間的眼睛，是佛法利樂眾生的核心。**須深聽了佛陀的說明，他很快就證初果，而且不再退轉入外道**[19]。

編者注

[18] 《雜阿含經》，大藏經第2冊，頁97。

[19] 須深的典故見《雜阿含經》，大藏經第2冊，頁96。

流通分

精進，不要停止

諸大比丘，聞佛所說，歡喜奉行！

「**諸大比丘**」，「諸」即眾多。「大比丘」，這是舉一概括全體大眾。經典講完，眾中的比丘、比丘尼、沙彌、沙彌尼、優婆塞、優婆夷，以及所有的居士等眾多聽聞佛法的人，大家「**聞佛所說，歡喜奉行！**」很多經典的結語都有這一段。

佛陀講經的法筵告一個段落，大家要「各還本處」。我們學佛後，最重要也是要回到各自的崗位去修「三增上學」——「增上戒學」、「增上定學」、「增上慧學」。並且繼續精進，增上用功，成就聞所成慧、思所成慧、修所成慧。如果聽聞佛法只是聽，自己沒有思惟，沒有對你產生一些激盪，那這些佛法，不可能在心中留下任何的迴響。

修學佛法，會有一些撞擊的。有些撞擊叫「無我」、或者「空」、或者叫「忍」。「忍」就是接受、印證，對人、對外在環境、對「無生法」的接受、印證。例如：對佛陀所

說的真理，你是怎麼接受的呢？

「流通分」在講勸修。大家「**聞佛所說，歡喜奉行！**」「奉行」，信受奉行，或者依教奉行，有待大家再用功、精進。如果我們不精進，別人進步了，是我們退步。停留在原來的地點，是很可惜的！

教育文化機構

香光尼眾佛學院
地址：60444 嘉義縣竹崎鄉內埔村溪州 49-1 號
電話：（05）2540359

香光研究學院
地址：106 台北市大安區潮州街 116 號 1 樓
電話：（02）23952627

香光禪林中心
地址：33559 桃園縣大溪鎮福安里 11 鄰頭寮 16 號
電話：（03）3873141

香光慧青學佛中心
地址：60444 嘉義縣竹崎鄉內埔村溪州 49-1 號
電話：（05）2541267

香光尼眾佛學院圖書館
地址：60444 嘉義縣竹崎鄉內埔村溪州 49-1 號
電話：（05）2542824

香光書鄉出版社
地址：60444 嘉義縣竹崎鄉內埔村溪州 49-1 號
電話：（05）2541267

香光莊嚴雜誌社
地址：83081 高雄市鳳山區漢慶街 60 號
電話：（07）7133891 ～ 3（三線）

香光尼僧團簡介

宗教是人類亙古的需求，香光尼僧團樹立清淨法幢，標舉崇尚務實、正信、正見的人生為標幟，在今日紛擾、多元的社會，是指引自覺覺他的明燈，是社會安定、祥和的泉源。

分院道場

香光寺

地址：60444 嘉義縣竹崎鄉內埔村溪州 49-1 號

電話：（05）2541267

紫竹林精舍

地址：83081 高雄市鳳山區漢慶街 60 號

電話：（07）7133891 ～ 3（三線）

安慧學苑

地址：60082 嘉義市文化路 820 號

電話：（05）2325165

定慧學苑

地址：36044 苗栗市福星街 74 巷 3 號

電話：（037）272477

印儀學苑

地址：10056 台北市中正區濟南路二段 36 號

電話：（02）23946800

養慧學苑

地址：40356 台中市西區大墩十街 50 號

電話：（04）23192007

香光山寺

地址：33559 桃園縣大溪鎮福安里 11 鄰頭寮 16 號

電話：（03）3873141

橡樹林文化 ❖❖ 善知識系列 ❖❖ 書目

JB0001	狂喜之後	傑克・康菲爾德◎著	380 元
JB0002	抉擇未來	達賴喇嘛◎著	250 元
JB0003	佛性的遊戲	舒亞・達斯喇嘛◎著	300 元
JB0004	東方大日	邱陽・創巴仁波切◎著	300 元
JB0005	幸福的修練	達賴喇嘛◎著	230 元
JB0006	與生命相約	一行禪師◎著	240 元
JB0007	森林中的法語	阿姜查◎著	320 元
JB0008	重讀釋迦牟尼	陳兵◎著	320 元
JB0009	你可以不生氣	一行禪師◎著	230 元
JB0010	禪修地圖	達賴喇嘛◎著	280 元
JB0011	你可以不怕死	一行禪師◎著	250 元
JB0012	平靜的第一堂課一觀呼吸	德寶法師 ◎著	260 元
JB0013	正念的奇蹟	一行禪師◎著	220 元
JB0014	觀照的奇蹟	一行禪師◎著	220 元
JB0015	阿姜查的禪修世界一戒	阿姜查◎著	220 元
JB0016	阿姜查的禪修世界一定	阿姜查◎著	250 元
JB0017	阿姜查的禪修世界一慧	阿姜查◎著	230 元
JB0018X	遠離四種執著	究給・企千仁波切◎著	280 元
JB0019	禪者的初心	鈴木俊隆◎著	220 元
JB0020X	心的導引	薩姜・米龐仁波切◎著	240 元
JB0021X	佛陀的聖弟子傳 1	向智長老◎著	240 元
JB0022	佛陀的聖弟子傳 2	向智長老◎著	200 元
JB0023	佛陀的聖弟子傳 3	向智長老◎著	200 元
JB0024	佛陀的聖弟子傳 4	向智長老◎著	260 元
JB0025	正念的四個練習	喜戒禪師◎著	260 元
JB0026	遇見藥師佛	堪千創古仁波切◎著	270 元
JB0027	見佛殺佛	一行禪師◎著	220 元
JB0028	無常	阿姜查◎著	220 元
JB0029	覺悟勇士	邱陽・創巴仁波切◎著	230 元
JB0030	正念之道	向智長老◎著	280 元
JB0031	師父一與阿姜查共處的歲月	保羅・布里特◎著	260 元
JB0032	統御你的世界	薩姜・米龐仁波切◎著	240 元
JB0033	親近釋迦牟尼佛	髻智比丘◎著	430 元
JB0034	藏傳佛教的第一堂課	卡盧仁波切◎著	300 元

JB0035	拙火之樂	圖敦・耶喜喇嘛◎著	280元
JB0036	心與科學的交會	亞瑟・札炯克◎著	330元
JB0037	你可以，愛	一行禪師◎著	220元
JB0038	專注力	B・艾倫・華勒士◎著	250元
JB0039	輪迴的故事	慈誠羅珠堪布◎著	270元
JB0040	成佛的藍圖	堪千創古仁波切◎著	270元
JB0041	事情並非總是如此	鈴木俊隆禪師◎著	240元
JB0042	祈禱的力量	一行禪師◎著	250元
JB0043	培養慈悲心	圖丹・卻准◎著	320元
JB0044	當光亮照破黑暗	達賴喇嘛◎著	300元
JB0045	覺照在當下	優婆夷　紀・那那蓉◎著	300元
JB0046	大手印暨觀音儀軌修法	卡盧仁波切◎著	340元
JB0047X	蔣貢康楚閉關手冊	蔣貢康楚羅卓泰耶◎著	260元
JB0048	開始學習禪修	凱薩琳・麥唐諾◎著	300元
JB0049	我可以這樣改變人生	堪布慈囊仁波切◎著	250元
JB0050	不生氣的生活	W. 伐札梅諦◎著	250元
JB0051	智慧明光：《心經》	堪布慈囊仁波切◎著	260元
JB0052	一心走路	一行禪師◎著	280元
JB0054	觀世音菩薩妙明教示	堪布慈囊仁波切◎著	350元
JB0055	世界心精華寶	貝瑪仁增仁波切◎著	280元
JB0056	到達心靈的彼岸	堪千・阿貝仁波切◎著	220元
JB0057	慈心禪	慈濟瓦法師◎著	230元
JB0058	慈悲與智見	達賴喇嘛◎著	320元
JB0059	親愛的喇嘛梭巴	喇嘛梭巴仁波切◎著	320元
JB0060	轉心	蔣康祖古仁波切◎著	260元
JB0061	遇見上師之後	詹杜固仁波切◎著	320元
JB0062	白話《菩提道次第廣論》	宗喀巴大師◎著	500元
JB0063	離死之心	竹慶本樂仁波切◎著	400元
JB0064	生命真正的力量	一行禪師◎著	280元
JB0065	夢瑜伽與自然光的修習	南開諾布仁波切◎著	280元
JB0066	實證佛教導論	呂真觀◎著	500元
JB0094	追求幸福的開始：薩迦法王教你如何修行	尊勝的薩迦法王◎著	300元
JB0095	次第花開	希阿榮博堪布◎著	380元
JB0096	楞嚴貫心	果煜法師◎著	380元
JB0097	心安了，路就開了：讓《佛說四十二章經》成為你人生的指引	釋悟因◎著	320元

橡樹林文化 ❖❖ 眾生系列 ❖❖ 書目

JP0001	大寶法王傳奇	何謹◎著	200 元
JP0002X	當和尚遇到鑽石（增訂版）	麥可．羅區格西◎著	360 元
JP0003X	尋找上師	陳念萱◎著	200 元
JP0004	祈福 DIY	蔡春娉◎著	250 元
JP0006	遇見巴伽活佛	溫普林◎著	280 元
JP0009	當吉他手遇見禪	菲利浦．利夫．須藤◎著	220 元
JP0010	當牛仔褲遇見佛陀	蘇密．隆敦◎著	250 元
JP0011	心念的賽局	約瑟夫．帕蘭特◎著	250 元
JP0012X	佛陀的女兒	艾美．史密特◎著	240 元
JP0013	師父笑呵呵	麻生佳花◎著	220 元
JP0014	菜鳥沙彌變高僧	盛宗永興◎著	220 元
JP0015	不要綁架自己	雪倫．薩爾茲堡◎著	240 元
JP0016	佛法帶著走	佛朗茲．梅蓋弗◎著	220 元
JP0018C	西藏心瑜伽	麥可．羅區格西◎著	250 元
JP0019	五智喇嘛彌伴傳奇	亞歷珊卓．大衛一尼爾◎著	280 元
JP0020	禪　兩刃相交	林谷芳◎著	260 元
JP0021	正念瑜伽	法蘭克．裘德．巴奇歐◎著	399 元
JP0022	原諒的禪修	傑克．康菲爾德◎著	250 元
JP0023	佛經語言初探	竺家寧◎著	280 元
JP0024	達賴喇嘛禪思 365	達賴喇嘛◎著	330 元
JP0025	佛教一本通	蓋瑞．賈許◎著	499 元
JP0026	星際大戰．佛部曲	馬修．波特林◎著	250 元
JP0027	全然接受這樣的我	塔拉．布萊克◎著	330 元
JP0028	寫給媽媽的佛法書	莎拉．娜塔莉◎著	300 元
JP0029	史上最大佛教護法—阿育王傳	德千汪莫◎著	230 元
JP0030	我想知道什麼是佛法	圖丹．卻淮◎著	280 元
JP0031	優雅的離去	蘇希拉．布萊克曼◎著	240 元
JP0032	另一種關係	滿亞法師◎著	250 元
JP0033	當禪師變成企業主	馬可．雷瑟◎著	320 元
JP0034	智慧 81	偉恩．戴爾博士◎著	380 元

JP0035	覺悟之眼看起落人生	金菩提禪師◎著	260 元
JB0067	最勇敢的女性菩薩—綠度母	堪布慈囊仁波切◎著	350 元
JB0068	建設淨土—《阿彌陀經》禪解	一行禪師◎著	240 元
JB0069	接觸大地—與佛陀的親密對話	一行禪師◎著	220 元
JB0070	安住於清淨自性中	達賴喇嘛◎著	480 元
JB0071/72	菩薩行的祕密【上下冊】	佛子希瓦拉◎著	799 元
JB0073	穿越六道輪迴之旅	德洛達娃多瑪◎著	280 元
JB0074	突破修道上的唯物	邱陽．創巴仁波切◎著	320 元
JB0075	生死的幻覺	白瑪格桑仁波切◎著	380 元
JB0076	如何修觀音	堪布慈囊仁波切◎著	260 元
JB0077	死亡的藝術	波卡仁波切◎著	250 元
JB0078	見之道	根松仁波切◎著	330 元
JB0079	彩虹丹青	祖古．烏金仁波切◎著	340 元
JB0080	我的極樂大願	卓千拉貢仁波切◎著	260 元
JB0081	再捻佛語妙花	祖古．烏金仁波切◎著	250 元
JB0082	進入禪定的第一堂課	德寶法師◎著	300 元
JB0083	藏傳密續的真相	圖敦．耶喜喇嘛◎著	300 元
JB0084	鮮活的覺性	堪千創古仁波切◎著	350 元
JB0085	本智光照—功德寶藏論　顯宗分講記	遍智　吉美林巴◎著	380 元
JB0086	普賢王如來祈願文	竹慶本樂仁波切◎著	320 元
JB0087	禪林風雨	果煜法師◎著	360 元
JB0088	不依執修之佛果	敦珠林巴◎著	320 元
JB0089	本智光照—功德寶藏論　密宗分講記	遍智　吉美林巴◎著	340 元
JB0090	三主要道論—出離心、菩提心、空性正見	堪布慈囊仁波切◎著	280 元
JB0091	千手千眼觀音齋戒—紐涅的修持法	汪遷仁波切◎著	400 元
JB0092	回到家，我看見真心：讓家成為修行的空間	一行禪師◎著	220 元
JB0093	愛對了：用正念滋養的親密關係，最長久	一行禪師◎著	260 元
JP0093	法國清新舒壓著色畫 50：幸福懷舊	伊莎貝爾．熱志－梅納、紀絲蘭．史朵哈、克萊兒．摩荷爾－法帝歐◎編	350 元
JP0094	走過倉央嘉措的傳奇：尋訪六世達賴喇嘛的童年和晚年，解開情詩活佛的生死之謎	邱常梵◎著	450 元

國家圖書館出版品預行編目（CIP）資料

心安了，路就開了：讓《佛說四十二章經》成為你人生的指引 / 釋悟因著 .-- 初版 .-- 臺北市 : 橡樹林文化 , 城邦文化出版 : 家庭傳媒城邦分公司發行 ,2014.10
面； 公分 .--(善知識系列 ;JB0097)
ISBN978-986-6409-87-5(平裝)

1. 經集部

221.771

善知識系列 JB0097

心安了，路就開了：讓《佛說四十二章經》成爲你人生的指引

作　　　者／釋悟因
編　　　輯／丁品方
協 力 編 輯／香光莊嚴雜誌社、財團法人伽耶山基金會
業　　　務／顏宏紋

總　編　輯／張嘉芳
出　　　版／橡樹林文化
城邦文化事業股份有限公司
台北市民生東路二段 141 號 5 樓
電話：(02)25007696 傳真：(02)25001951
發　　　行／英屬蓋曼群島商家庭傳媒股份有限公司城邦分公司
104 台北市中山區民生東路二段 141 號 2 樓
客服服務專線：(02)25007718；25001991
24 小時傳真專線：(02)25001990；25001991
服務時間：週一至週五上午 09:30 ～ 12:00；下午 13:30 ～ 17:00
劃撥帳號：19863813　戶名：書虫股份有限公司
讀者服務信箱：service@readingclub.com.tw
香港發行所／城邦（香港）出版集團有限公司
香港灣仔駱克道 193 號東超商業中心 1 樓
電話：(852)25086231 傳真：(852)25789337
E-mail：hkcite@biznetvigator.com
馬新發行所／城邦（馬新）出版集團【Cité (M) Sdn.Bhd. (458372 U)】
41, Jalan Radin Anum, Bandar Baru Sri Petaling,
57000 Kuala Lumpur, Malaysia.
電話：(603)90578822　傳真：(603)90576622
E-mail：cite@cite.com.my

版 面 構 成／洪祥閔 kevinhom1208@yahoo.com.tw
封 面 設 計／黃健民 w110.w110@msa.hinet.net
印　　　刷／韋懋實業有限公司

初 版 一 刷／2014 年 10 月
初 版 五 刷／2021 年 08 月
I　S　B　N／978-986-6409-87-5
定　　　價／320 元

城邦讀書花園
www.cite.com.tw

廣　告　回　函
北區郵政管理局登記證
北 台 字 第 10158 號
郵資已付　免貼郵票

104 台北市中山區民生東路二段 141 號 5 樓

城邦文化事業股份有限公司
橡樹林出版事業部　收

請沿虛線剪下對折裝訂寄回，謝謝！

橡|樹|林

書名：心安了，路就開了 讓《佛說四十二章經》成為你人生的指引　書號：JB0097

橡樹林文化
讀者回函卡

感謝您對橡樹林出版社之支持，請將您的建議提供給我們參考與改進；請別忘了給我們一些鼓勵，我們會更加努力，出版好書與您結緣。

姓名：＿＿＿＿＿＿＿＿ □女 □男 生日：西元＿＿＿＿＿年

Email：＿＿＿＿＿＿＿＿＿＿＿＿＿＿＿＿

◎您從何處知道此書？

□書店 □書訊 □書評 □報紙 □廣播 □網路 □廣告 DM □親友介紹

□橡樹林電子報 □其他＿＿＿＿＿＿

◎您以何種方式購買本書？

□誠品書店 □誠品網路書店 □金石堂書店 □金石堂網路書店

□博客來網路書店 □其他＿＿＿＿＿＿

◎您希望我們未來出版哪一種主題的書？（可複選）

□佛法生活應用 □教理 □實修法門介紹 □大師開示 □大師傳記

□佛教圖解百科 □其他＿＿＿＿＿＿

◎您對本書的建議：

＿＿＿＿＿＿＿＿＿＿＿＿＿＿＿＿＿＿＿＿

＿＿＿＿＿＿＿＿＿＿＿＿＿＿＿＿＿＿＿＿

＿＿＿＿＿＿＿＿＿＿＿＿＿＿＿＿＿＿＿＿

＿＿＿＿＿＿＿＿＿＿＿＿＿＿＿＿＿＿＿＿

＿＿＿＿＿＿＿＿＿＿＿＿＿＿＿＿＿＿＿＿

非常感謝您提供基本資料，基於行銷及客戶管理或其他合於營業登記項目或章程所定業務需要之目的，家庭傳媒集團（即英屬蓋曼群商家庭傳媒股份有限公司城邦分公司、城邦文化事業股份有限公司、書虫股份有限公司、墨刻出版股份有限公司、城邦原創股份有限公司）於本集團之營運期間及地區內，將不定期以 MAIL 訊息發送方式，利用您的個人資料於提供讀者產品相關之消費與活動訊息，如您有依照個資法第三條或其他需服務之務，得致電本公司客服。

我已經完全瞭解左述內容，並同意本人資料依上述範圍內使用。

＿＿＿＿＿＿＿＿＿＿（簽名）